I0018713

Pierre-Nicolas Clauss

Algorithmes à front d'onde et accès transparent aux données

Pierre-Nicolas Clauss

Algorithmes à front d'onde et accès transparent aux données

Synchronisation et calcul out-of-core

Éditions universitaires européennes

Mentions légales/ Imprint (applicable pour l'Allemagne seulement/ only for Germany)
Information bibliographique publiée par la Deutsche Nationalbibliothek: La Deutsche Nationalbibliothek inscrit cette publication à la Deutsche Nationalbibliografie; des données bibliographiques détaillées sont disponibles sur internet à l'adresse http://dnb.d-nb.de.
Toutes marques et noms de produits mentionnés dans ce livre demeurent sous la protection des marques, des marques déposées et des brevets, et sont des marques ou des marques déposées de leurs détenteurs respectifs. L'utilisation des marques, noms de produits, noms communs, noms commerciaux, descriptions de produits, etc, même sans qu'ils soient mentionnés de façon particulière dans ce livre ne signifie en aucune façon que ces noms peuvent être utilisés sans restriction à l'égard de la législation pour la protection des marques et des marques déposées et pourraient donc être utilisés par quiconque.

Photo de la couverture: www.ingimage.com

Editeur: Éditions universitaires européennes est une marque déposée de Südwestdeutscher Verlag für Hochschulschriften GmbH & Co. KG
Dudweiler Landstr. 99, 66123 Sarrebruck, Allemagne
Téléphone +49 681 37 20 271-1, Fax +49 681 37 20 271-0
Email: info@editions-ue.com
Agréé: Nancy, Université Henri Poincaré, thèse de doctorat, 2009

Produit en Allemagne:
Schaltungsdienst Lange o.H.G., Berlin
Books on Demand GmbH, Norderstedt
Reha GmbH, Saarbrücken
Amazon Distribution GmbH, Leipzig
ISBN: 978-613-1-50472-3

Imprint (only for USA, GB)
Bibliographic information published by the Deutsche Nationalbibliothek: The Deutsche Nationalbibliothek lists this publication in the Deutsche Nationalbibliografie; detailed bibliographic data are available in the Internet at http://dnb.d-nb.de.
Any brand names and product names mentioned in this book are subject to trademark, brand or patent protection and are trademarks or registered trademarks of their respective holders. The use of brand names, product names, common names, trade names, product descriptions etc. even without a particular marking in this works is in no way to be construed to mean that such names may be regarded as unrestricted in respect of trademark and brand protection legislation and could thus be used by anyone.

Cover image: www.ingimage.com

Publisher: Éditions universitaires européennes is an imprint of the publishing house Südwestdeutscher Verlag für Hochschulschriften GmbH & Co. KG
Dudweiler Landstr. 99, 66123 Saarbrücken, Germany
Phone +49 681 37 20 271-1, Fax +49 681 37 20 271-0
Email: info@editions-ue.com

Printed in the U.S.A.
Printed in the U.K. by (see last page)
ISBN: 978-613-1-50472-3

Copyright © 2010 by the author and Südwestdeutscher Verlag für Hochschulschriften GmbH & Co. KG and licensors
All rights reserved. Saarbrücken 2010

À Margaux et Céline, mes deux rayons de soleil.

Table des matières

Introduction générale   **7**

I   **Algorithmes à front d'onde**   **9**

   1   **Modèle algorithmique**   **13**

     1.1   Schéma d'exécution 14

        1.1.1   Exécution séquentielle 14

        1.1.2   Exécution parallèle 14

     1.2   Benchmark de référence 17

II   **Accès aux données**   **19**

   Introduction de la deuxième partie   **23**

   2   **Agencement des données pour le calcul out-of-core**   **25**

     Introduction 25

     2.1   Organisation des données 26

        2.1.1   Stockage par lignes 26

        2.1.2   Stockage par blocs 26

        2.1.3   Stockage étendu 28

     2.2   Changement d'agencement 29

     Conclusion 30

   3   **Modèle de synchronisation**   **31**

     Introduction 31

     3.1   Définition du modèle 32

        3.1.1   *Ordered Read-Write Locks* 33

        3.1.2   *Overlay* 33

     3.2   Progression des tâches itératives 35

3.3 Forme canonique 36

    3.3.1 Taille en forme canonique 39

    3.3.2 Configurations en forme canonique 39

    3.3.3 Cas particulier pendant l'évolution 40

3.4 Interblocages 40

    3.4.1 Détection 41

4 Structure algébrique   **43**

4.1 Treillis et interblocages 45

4.2 Treillis et homogénéité 46

4.3 Lien avec les *Chip Firing Games* 47

4.4 Initialisation des overlays 49

    4.4.1 Transformation en forme canonique 52

    4.4.2 Détection des interblocages 52

Conclusion 53

Conclusion de la deuxième partie   **55**

III Résultats expérimentaux   **57**

Introduction de la troisième partie   **61**

5 Plate-forme expérimentale   **63**

5.1 Configuration de la plate-forme 63

    5.1.1 *Grelon* 64

    5.1.2 *Capricorne* 64

    5.1.3 *Chinqchint* 64

5.2 Implémentation 64

    5.2.1 Accès aux données 65

    5.2.2 Synchronisation 65

6 Validation du stockage étendu   **67**

6.1 Comparaison des coûts de traitement 67

6.2 Comparaison des performances 71

7 Validation du modèle des ORWL   **75**

7.1 Exécution itérative 75

    7.1.1 Prévisions 75

7.2 Homogénéité 78

8 Vers les applications réelles   **85**

    8.1 Simulation des transferts thermiques 85

    8.2 Portage dans PARXXL 85

Conclusion de la troisième partie   **89**

Conclusion générale   **91**

Bibliographie   **93**

Table des matières

Résumé

Cette thèse introduit deux outils pour l'accès performant aux données d'un algorithme à front d'onde dans un contexte d'exécution out-of-core.

Ces algorithmes sont facilement parallélisables en utilisant des techniques de *macro-pipelining*, qui permettent un recouvrement des calculs et des communications. Le premier outil part du constat que les performances des opérations de lecture/écriture dans une telle situation sont désastreuses : les données sont éclatées sur disque et leur rapatriement en mémoire est long et coûteux. Le nouvel agencement de données sur disque proposé permet de résoudre ces problèmes en accédant aux données uniquement de manière contiguë.

Si ce premier outil décrit *comment* accéder aux données, le deuxième est un modèle de synchronisation qui décrit *quand* y accéder. En effet, l'exécution parallèle et concurrente des algorithmes à front d'onde nécessite un contrôle strict des temps d'accès et des temps d'attente. Le modèle présenté dans cette thèse remplit ce rôle, tout en donnant des garanties de propriétés intéressantes pour les applications itératives : verrouillage pro-actif, évolution sans interblocages, progression homogène des tâches.

L'utilisation de ces deux outils a été intensivement testée sur un benchmark de référence et expérimentée sur des machines de la plate-forme Grid'5000.

Mots-clés: Synchronisation, algorithmes itératifs, verrou de lecture/écriture, évitement des interblocages

Introduction générale

Sur les plate-formes de calcul modernes, le parallélisme s'exprime à tous les niveaux matériels : instructions vectorielles, processeurs multi-cœurs, cartes multi-processeurs, clusters puis grilles. Ces éléments se retrouvent dans du matériel commun et très répandu. Du côté logiciel, les systèmes d'exploitation proposent les modèles à base de processus puis de threads. Les applications écrites pour des plate-formes séquentielles donnent généralement de piètres performances sur ces plate-formes parallèles, tandis que l'écriture de code parallèle est encore un défi stimulant.

Parmi les applications séquentielles, une catégorie d'entre elles se transforme facilement en applications parallèles. Ces applications ont la caractéristique d'effectuer un calcul sur un espace de données discret en prenant en compte les éléments voisins à distance finie. La méthode de parallélisation consiste à inverser le sens de parcours traditionnel des données, afin de pouvoir effectuer des calculs parallèles sur des ensembles de données qui ne s'impactent pas entre eux. La mise en évidence de ces ensembles fait apparaître une *onde* qui semble traverser l'espace de données, ce qui donne leur nom à cette catégorie d'applications : les algorithmes à front d'onde.

Les applications de calcul scientifique utilisent largement cette méthode de parallélisation. La comparaison de séquences génétiques en biologie, l'algèbre linéaire en analyse numérique, la propagation de flux en physique sont autant de domaines scientifiques où les algorithmes à front d'onde sont utilisés pour obtenir une exécution parallèle des calculs.

Dans ces applications, une large part de l'exactitude et du caractère interprétable des résultats est contrainte par la taille de l'espace de données. En effet, pour obtenir des résultats plus fins, il faut généralement faire grossir l'espace de données, ce qui conduit à une augmentation rapide de la quantité de données à traiter par l'algorithme à front d'onde. Cette modification du contexte d'exécution peut faire apparaître de nouveaux problèmes qui demandent de modifier radicalement la technique de mise en œuvre des algorithmes à front d'onde.

De plus, ces algorithmes se caractérisent par un parallélisme fort, dont il faut contrôler les mécanismes de cohérence, sous peine d'effectuer des calculs inexacts. Les outils de verrouillage que proposent habituellement les systèmes d'exploitation pour réaliser ce contrôle sont inadaptés ou nécessitent un effort de mise en œuvre important afin d'éviter toute situation de blocage.

Problématique

L'augmentation des quantités de données à traiter au-delà de la taille de la mémoire disponible pose un problème majeur de performance du modèle d'exécution. Ignorer ce facteur et en déléguer la gestion au système d'exploitation peut donner des résultats désastreux en terme de temps de calcul, tandis que sa prise en compte au niveau applicatif nécessite un effort de mise en œuvre pour obtenir une performance maximale.

De plus, bien que les algorithmes à front d'onde aient des caractéristiques connues et soient très similaires entre eux, leur mise en œuvre continue de demander les mêmes efforts de programmation à chaque fois. L'un des problèmes à l'implémentation consiste à séparer la partie calculatoire de l'algorithme de la partie qui contrôle la synchronisation.

Contributions

Cette thèse propose de résoudre les deux problèmes énoncés par les contributions suivantes : un agencement de stockage optimisé permettant un accès rapide aux données, particulièrement adapté lorsque les données ne peuvent rester en mémoire, et un modèle de synchronisation qui permet de séparer complètement les deux parties qui constituent l'algorithme à front d'onde, ne laissant que la partie calculatoire à la charge de l'utilisateur.

Organisation

La première partie de cette thèse est consacrée à la description des algorithmes à front d'onde, qui sont l'objet de l'étude présentée.

La deuxième partie présente les résultats théoriques obtenus au cours de la thèse. Le chapitre 2 résume les problèmes d'accès aux données liés au calcul out-of-core (*i.e.* pour lequel la quantité de données à traiter est supérieure à la quantité de mémoire disponible), ainsi que les solutions proposées. Le chapitre 3 définit le nouveau modèle de synchronisation, dans sa forme générale et sa forme canonique, et donne les preuves de certaines de ses propriétés intéressantes. Le chapitre 4 est centré sur la construction de la structure de treillis sur l'espace de configurations du modèle de synchronisation. Ces travaux ont été publiés dans [13; 11; 12].

La troisième partie est consacrée aux résultats expérimentaux. La plate-forme de test utilisée est décrite dans le chapitre 5, puis les résultats des expériences permettant de valider les acquis théoriques présentés dans la deuxième partie sont détaillés dans les chapitres 6 et 7. Enfin, le chapitre 8 expose les travaux réalisés pour l'usage des apports de cette thèse dans des applications réelles.

Première partie

Algorithmes à front d'onde

Table des matières

1	**Modèle algorithmique**	**13**
	1.1 Schéma d'exécution	14
	1.1.1 Exécution séquentielle	14
	1.1.2 Exécution parallèle	14
	1.2 Benchmark de référence	17

Chapitre 1

Modèle algorithmique

Les algorithmes à front d'onde tirent leur nom de leur modèle d'exécution parallèle, mais à l'origine il s'agit d'algorithmes séquentiels dont la caractéristique est que les calculs sur les éléments d'un espace de données discret soient *locaux* au sens de la distance entre les positions des éléments. Le formalisme des ces algorithmes est décrit dans [36].

Ces algorithmes effectuent un calcul de mise à jour sur chacun des éléments de l'espace de données discret, calcul nécessitant de connaître la valeur de certains éléments voisins à distance finie et connue. On parle également de *dépendance de données* de l'élément calculé sur les éléments voisins nécessaires à son calcul.

De tels algorithmes séquentiels sont par exemple générés par la méthode des différences finies pour rechercher la solution d'une équation différentielle partielle.

La figure 1.1 montre un extrait d'un espace de données bi-dimensionel avec un exemple de dépendance de données sur quatre voisins. Dans cet exemple, le calcul qui met à jour la valeur de l'élément en $\begin{pmatrix} i \\ j \end{pmatrix}$ a besoin de connaître la valeur des éléments en $\begin{pmatrix} i-1 \\ j \end{pmatrix}$, $\begin{pmatrix} i+1 \\ j \end{pmatrix}$, $\begin{pmatrix} i \\ j-1 \end{pmatrix}$ et $\begin{pmatrix} i \\ j+1 \end{pmatrix}$.

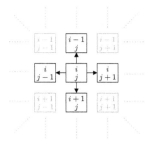

FIGURE 1.1 – Dépendance de données sur quatres voisins.

Il est important de noter que l'immense majorité de ces algorithmes repose sur la convergence des résultats. Il est donc souvent nécessaire de répéter itérativement les calculs jusqu'à obtenir la précision souhaitée, ou jusqu'à un nombre fixé d'itérations. C'est cet aspect itératif qui justifie l'intérêt porté à ces algorithmes : une exécution complète devient alors très gourmande en ressources, mais justifie aussi le choix de paralléliser ces algorithmes.

1.1 Schéma d'exécution

1.1.1 Exécution séquentielle

Le schéma d'exécution habituel d'un algorithme à front d'onde est de parcourir l'espace de données le long de chacune des dimensions et d'effectuer le calcul sur chacun des éléments. Ce schéma d'exécution, dont la figure 1.2 donne un exemple, est classique d'un traitement de données bi-dimensionelles.

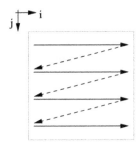

FIGURE 1.2 – Exécution séquentielle.

Dans cet exemple, on parcourt l'espace de données lignes par lignes et on effectue sur chaque élément un même calcul qui dépend des voisins de l'élément, puis on répète l'opération pour chaque itération.

1.1.2 Exécution parallèle

Étant donné un algorithme séquentiel affichant une dépendance de données pour le calcul d'un élément, il est aisé de constater que deux éléments u et v de l'espace de données tels qu'aucun des deux n'est dans la dépendance de données de l'autre peuvent être calculés de manière concurrente. En effet, à cause de la localité du calcul, l'impact du calcul de u sur v n'apparaît qu'après plusieurs itérations, le temps qu'il se propage à tous les éléments intermédiaires. Sur une unique itération, il est donc possible de calculer u et v en parallèle.

Dans l'exemple de dépendance de données de la figure 1.1, les premiers éléments calculables en parallèle d'un élément donné sont ceux placés en diagonale. On peut en déduire le schéma d'exécution parallèle donné par la figure 1.3.

On voit sur cette figure que le parcours commence par le même premier élément, en haut à gauche. À partir du point de séparation (S), qui figure la fin du calcul du premier élément, deux éléments dont les dépendances ont été mises à jour conformément au modèle d'exécution séquentielle peuvent être calculés :

– L'élément situé à droite
– L'élément situé en-dessous

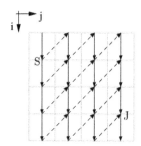

FIGURE 1.3 – Exécution parallèle.

L'élément à droite correspond au choix qui est fait lors d'une exécution séquentielle. Cependant, avec la dépendance de données considérée, l'élément en-dessous peut être calculé également, en parallèle de l'élément de droite.

La figure 1.4 illustre ce principe. L'élément déjà calculé est schématisé en gris clair, tandis que les éléments calculables en parallèle sont en gris foncé. Les flèches indiquent les voisins dont dépendent les éléments calculables. Comme les voisins communs ne sont pas modifiés, ils peuvent être accédés de manière concurrente. Lorsque le calcul sur ces deux éléments a été effectué, les éléments de la diagonale suivante peuvent être exécutés en parallèle, etc, ce qui donne l'impression que le calcul « se déplace » en diagonale comme une vague, d'où le nom d'algorithme à front d'onde.

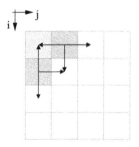

FIGURE 1.4 – Élements concurrents au point S.

De manière duale, lorsque le calcul atteint le point de jointure (J), qui figure le début du calcul du dernier élément, il est nécessaire de s'assurer que les voisins qui composent la dépendance de données ont tous été calculés.

La figure 1.5 montre les voisins déjà calculés en gris clair et l'élément considéré pour le calcul en gris foncé. La dépendance de données implique d'attendre que les deux voisins aient été calculés avant de commencer le calcul du dernier élément, afin que les modifications aient été propagées conformément au modèle d'exécution séquentielle.

Dans le schéma d'exécution de la figure 1.3, il y a un point de séparation à la base de chaque

15

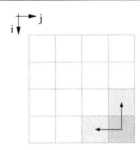

FIGURE 1.5 – Élements concurrents au point J.

flèche en pointillés et un point de jointure à la pointe de chacune d'elles.

Dans un cas réel, la taille de l'espace de données est telle que la mise en œuvre de l'algorithme ne considère pas les éléments isolés, mais les regroupent en *blocs*. Ceux-ci peuvent être vus comme des éléments atomiques de calculs, bien qu'ils soient constitués d'une quantité non-atomique de données.

La technique qui consiste à découper l'espace de données en blocs afin de permettre l'exécution concurrente de blocs est appellée *pipeline*. On peut également remarquer que l'ordre de parcours des dimensions est inversé dans ce schéma d'exécution afin de prendre en compte le nouveau découpage des données.

Dans ce modèle à pipeline, on associe à chaque bloc de données une tâche chargée de calculer la mise à jour de tous les éléments du bloc. Pour faire ce calcul sur les bords de son bloc, chaque tâche a besoin de connaître des *frontières* d'éléments provenant des blocs voisins, conformément à la dépendance de données. Pour l'exemple précédent, ces frontières de blocs sont spécifiées par la figure 1.6.

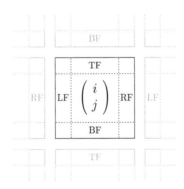

FIGURE 1.6 – Frontières des quatres voisins.

La tâche chargée d'effectuer le calcul du bloc $\begin{pmatrix} i \\ j \end{pmatrix}$ a besoin de connaître les frontières suivantes (en gris sur la figure) :

- *Bottom Frontier (BF)* : Frontière basse du bloc situé au-dessus,
- *Right Frontier (RF)* : Frontière droite du bloc situé à gauche,
- *Left Frontier (LF)* : Frontière gauche du bloc situé à droite,
- *Top Frontier (TF)* : Frontière haute du bloc situé au-dessous.

Comme ces frontières proviennent de blocs différents, mis à jour par des tâches concurrentes, il est nécessaire de disposer d'un outil de synchronisation pour permettre un contrôle algorithmique du déclenchement des tâches au niveau des points de séparation et de jointure, ainsi que d'un mécanisme de communication permettant de transférer ces frontières entre les tâches.

La sémantique associée à l'accès aux données pour un tel algorithme est similaire à celle des verrous de lecture/écriture (*Read-Write Locks*). En effet, on peut voir le bloc de données associé à une tâche comme étant une donnée accédée en écriture par la tâche, tandis que les frontières des blocs voisins dans la dépendance de données sont des données accédées en lecture par la tâche.

1.2 Benchmark de référence

Dans cette thèse, les expériences ont été réalisées sur un benchmark de référence : l'algorithme du *Livermore kernel 23*, qui correspond au calcul d'un problème d'hydrodynamique. Cet algorithme fait partie de la série *Livermore loops* [33], qui fait elle-même partie de la collection de benchmarks *LinPack*, utilisée notamment pour le TOP500 qui classe les 500 machines les plus puissantes au monde. L'algorithme 1.1 donne le pseudo-code séquentiel de ce benchmark. Ce benchmark est un algorithme à front d'onde avec la dépendance de données de la figure 1.1. Il a la particularité de faire intervenir, en plus de la matrice bi-dimensionnelle de données, cinq matrices de coefficients de tailles identiques. Cette caractéristique particulière fait grossir la quantité de données à traiter et fait basculer l'empreinte mémoire dans le domaine *out-of-core* plus rapidement que pour d'autres algorithmes plus classiques.

Algorithme 1.1 *Livermore kernel 23.*

1: **pour** $i = 2$ à $N - 1$ **faire**
2:     **pour** $j = 2$ à $M - 1$ **faire**
3:         $q \leftarrow \text{data}[i-1][j] * \text{zb}[i][j] + \text{data}[i][j-1] * \text{zv}[i][j]$
            $+ \text{data}[i][j+1] * \text{zu}[i][j] + \text{data}[i+1][j] * \text{zr}[i][j]$
            $+ \text{zz}[i][j]$
4:         $\text{data}[i][j] \leftarrow \text{data}[i][j] + 0.175 * (q - \text{data}[i][j])$
5:     **fin pour**
6: **fin pour**

Les matrices de coefficients sont notées *zb*, *zv*, *zu*, *zr* et *zz* et associent un coefficient à chacun des éléments de la matrice de données, notée *data*, mis en jeu lors du calcul de l'algorithme sur un élément donné.

Le calcul d'un élément en position $\begin{pmatrix} i \\ j \end{pmatrix}$ est divisé en cinq étapes, comme l'illustre la figure 1.7 :

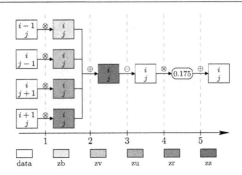

FIGURE 1.7 – Étapes de calcul du *Livermore kernel 23*.

1. multiplication des quatres voisins par des coefficients,
2. addition d'un cinquième coefficient,
3. soustraction de l'élément calculé,
4. multiplication par une constante,
5. addition de l'élément calculé.

Deuxième partie

Accès aux données

Table des matières

2 Agencement des données pour le calcul out-of-core   **25**

Introduction 25

2.1 Organisation des données 26

    2.1.1 Stockage par lignes 26

    2.1.2 Stockage par blocs 26

    2.1.3 Stockage étendu 28

2.2 Changement d'agencement 29

Conclusion 30

3 Modèle de synchronisation   **31**

Introduction 31

3.1 Définition du modèle 32

    3.1.1 *Ordered Read-Write Locks* 33

    3.1.2 *Overlay* 33

3.2 Progression des tâches itératives 35

3.3 Forme canonique 36

    3.3.1 Taille en forme canonique 39

    3.3.2 Configurations en forme canonique 39

    3.3.3 Cas particulier pendant l'évolution 40

3.4 Interblocages 40

    3.4.1 Détection 41

4 Structure algébrique   **43**

4.1 Treillis et interblocages 45

4.2 Treillis et homogénéité 46

4.3 Lien avec les *Chip Firing Games* 47

4.4 Initialisation des overlays 49

    4.4.1 Transformation en forme canonique 52

    4.4.2 Détection des interblocages 52

Conclusion 53

Introduction de la deuxième partie

Cette partie vise à étudier le comportement et les performances des algorithmes à front d'onde, dans le cadre d'une exécution out-of-core.

L'accès aux données est analysé selon deux axes : l'accès physique aux données afin de maximiser les performances de la ressource de stockage, et l'accès temporel aux données afin de garantir la cohérence des résultats du calcul.

Le chapitre 2 introduit un nouvel agencement de données destiné à résoudre les problèmes d'accès physique. Le chapitre 3 introduit un nouveau modèle de synchronisation, dont les propriétés sont détaillées dans le chapitre 4, qui garantit, entre autres bonnes propriétés, la cohérence des résultats.

Chapitre 2

Agencement des données pour le calcul out-of-core

Introduction

Ce chapitre est consacré à l'agencement des données dans un contexte de traitement sur une seule machine où la quantité de données à manipuler dépasse la quantité de mémoire locale disponible. Un tel environnement est également appelé *out-of-core*, pour souligner le fait que les données se situent loin du cœur de traitement, le processeur. Dans cette situation, les données ne peuvent qu'être chargées par morceaux, traitées, puis réécrites sur disque. Pour les algorithmes parallèles, tels que les algorithmes à front d'onde qui sont ciblés par cette thèse, la contention sur l'accès en lecture et en écriture au disque devient le véritable goulot d'étranglement de l'application.

Dans un contexte *in-core*, l'approche habituelle consiste à charger intégralement les données dans l'espace d'adressage, le chargement réel en mémoire étant délégué au système d'exploitation. Les données sont alors chargées au fur et à mesure que l'algorithme y accède, et peuvent rester en mémoire pendant toute la durée du calcul.

Une transposition naïve de cette méthode dans un contexte *out-of-core* engendre un effondrement des performances : la totalité des données ne peut pas résider dans la mémoire physique au même moment, et le schéma d'accès provoque une avalanche de défauts de pages que le système d'exploitation essaie de résoudre en choisissant des données à décharger. Ce phénomène est également appellé *swapping*. Les algorithmes classiques de choix des données à décharger ont tendance à choisir les données les plus anciennes, au motif que l'absence d'accès signifie qu'elles ne sont plus utiles. Or dans le cas des algorithmes à front d'onde, ce sont généralement des données qui sont bloquées dans l'attente d'un point de jointure. Elles seront donc nécessaire à nouveau dans un laps de temps court, ce qui va à l'encontre de leur sélection pour un déchargement sur disque, comme le montre *l'effet trou* dans [9].

Il est donc nécessaire d'avoir recours à de nouvelles stratégies pour l'exécution des algorithmes à front d'onde sur des espaces de données *out-of-core*. Certaines approches consistent à améliorer la politique de préchargement des données, soit à partir de connaissances sur le sens de parcours des données comme dans [37], soit en la modifiant directement dans le gestionnaire de mémoire du système d'exploitation, comme proposé dans [9] avec les modules MMUSSEL et MMUM pour le noyau Linux. La première technique tend à forcer le préchargement de données supplémentaires à celles, inutiles, que le système d'exploitation précharge naturellement, tandis que la seconde impose une intrication forte avec le noyau et reste très spécifique à une application donnée.

Dans ce chapitre, une nouvelle façon d'agencer les données pour optimiser les accès disques est présentée. La proposition originale concerne les espaces de données bi-dimensionnels, bien qu'elle puisse être étendue aux dimensions supérieures.

2.1 Organisation des données

Pour obtenir des accès aux données sur disque optimaux, il n'y a que deux façons de procéder : adapter les accès au format de stockage ou adapter le format de stockage aux accès. La première méthode nécessite des modifications profondes du schéma algorithmique d'accès aux données qu'il n'est pas nécessairement possible de réaliser dans le cas général. La deuxième méthode, qui correspond à l'approche prise dans cette thèse, consiste à réaliser un stockage optimal sur disque, sans qu'il soit nécessaire de modifier le schéma d'accès original de l'algorithme.

2.1.1 Stockage par lignes

Le stockage traditionnel d'une matrice de données bi-dimensionnelle se fait lignes par lignes (ou colonnes par colonnes dans certains contextes, les problèmes exposés étant similaires). La figure 2.1 montre l'ordre dans lequel les éléments sont stockés sur disque. L'avantage de cet agencement est que l'ordre de stockage des éléments est le même que l'ordre de parcours des éléments pour l'algorithme séquentiel.

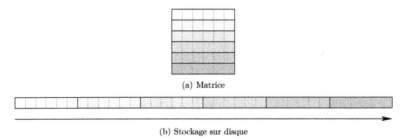

(a) Matrice

(b) Stockage sur disque

FIGURE 2.1 – Stockage par lignes.

Cependant, comme expliqué en 1.1.2, le modèle d'exécution de l'algorithme parallèle impose un découpage de la matrice de données en blocs. Les éléments d'un bloc dans un stockage par lignes ne sont pas contigus sur disque, ce qui implique d'avoir recours à plusieurs accès disjoints pour accéder entièrement à un bloc. La figure 2.2 illustre ce phénomène pour le premier bloc, comme dans la figure 2.2(a). Les lignes d'éléments du bloc sont alors dispersées sur le disque, comme le montre la figure 2.2(b).

Le chargement du bloc en mémoire et la réécriture sur disque nécessitent alors autant d'opérations d'entrées/sorties disjointes que le nombre de lignes du bloc, ce qui est connu pour être inefficace et lent.

2.1.2 Stockage par blocs

Les accès disjoints étant par définition non-optimaux, le stockage par lignes est inadapté à un usage maximal du support de stockage pour l'exécution de l'algorithme parallèle. Le stockage

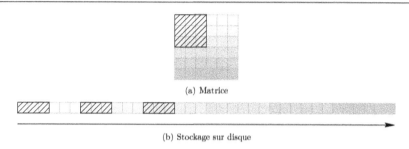

(a) Matrice

(b) Stockage sur disque

FIGURE 2.2 – Stockage par lignes, accès par blocs.

alternatif généralement utilisé dans ce cas est le stockage par blocs. Dans ce format de données, illustré par la figure 2.3, on regroupe les éléments constituant un bloc ensemble sur le disque, comme le montre la figure 2.3(b). Les éléments situés à l'intérieur d'un bloc sont ensuite stockés par lignes.

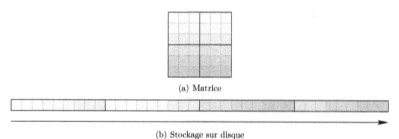

(a) Matrice

(b) Stockage sur disque

FIGURE 2.3 – Stockage par blocs.

Avec le stockage par blocs, l'accès à un bloc peut donc se faire avec une seule opération d'entrée/sortie contiguë. Dans l'exécution parallèle d'un algorithme à front d'onde, il est aussi nécessaire d'accéder aux frontières de certains blocs voisins. Le stockage par blocs ne permet l'accès contigu que dans le cas des frontières horizontales. La figure 2.4 détaille le placement dans le stockage de deux frontières, l'une horizontale, l'autre verticale. Alors que les éléments de la frontière horizontale sont contigus sur disque, ceux de la frontière verticale sont dispersés. L'accès à la totalité d'une telle frontière nécessite donc de lire autant d'éléments isolés que la taille de la frontière, ce qui est particulièrement désastreux en termes de performances.

Une façon de limiter l'impact de l'accès aux frontières verticales est de charger la totalité des blocs voisins et d'en extraire la frontière par copie des éléments isolés. Cette copie s'effectuant entre deux zones mémoires plutôt qu'entre la mémoire et le support de stockage, la dégradation des performances est moindre, au prix d'une augmentation de l'empreinte mémoire. La taille des blocs pouvant être assez conséquente par rapport à la taille d'une frontière, cette stratégie peut s'avérer contraignante, obligeant à opter pour un parallélisme plus grossier afin de ne pas subir à nouveau l'impact du *swapping*.

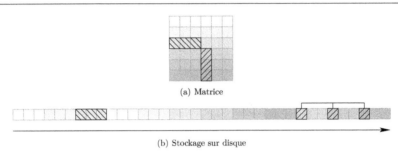

(a) Matrice

(b) Stockage sur disque

FIGURE 2.4 – Stockage par blocs, accès aux frontières.

2.1.3 Stockage étendu

Afin de résoudre à la fois le problème des éléments de blocs disjoints et le problème des éléments disjoints dans les frontières verticales, cette thèse propose un nouvel agencement amélioré, appelé *stockage étendu*. Cet agencement reprend l'idée principale du stockage par bloc, qui résoud le problème du chargement des blocs, mais modifie la façon dont les éléments sont stockés à l'intérieur des blocs. Le stockage d'origine de ces éléments, par lignes, est remplacé par celui décrit par la figure 2.5.

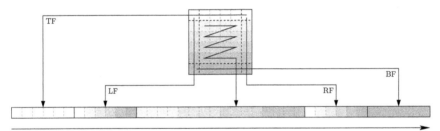

FIGURE 2.5 – Stockage étendu d'un bloc.

Le stockage se fait donc dans l'ordre suivant :

1. Les éléments de la frontière supérieure (TF),
2. Les éléments de la frontière gauche (LF),
3. Les éléments au centre du bloc,
4. Les éléments de la frontière droite (RF),
5. Les éléments de la frontière inférieure (BF.)

Ce stockage a le double avantage de permettre un accès contigu à la totalité du bloc, ainsi qu'un accès contigu à n'importe quelle frontière du bloc. Son principal inconvénient est que les élements des coins font chacun partie de deux frontières et sont donc présents en deux exemplaires dans le stockage, ce qui implique la prise en compte des deux effets suivants.

Propagation des copies

À chaque modification d'un élément dans un des coins du bloc, il est nécessaire de propager le changement à chacune des copies. Si ce constat nécessite un effort particulier dans le cas d'une implémentation directement accessible par l'utilisateur, la plupart des langages de programmation modernes permettent de mettre en place une interface identique à celle utilisée pour le stockage par blocs, de façon à masquer à l'utilisateur la copie des éléments dupliqués. Compte tenu de la taille des blocs, ces copies en mémoire sont négligeables. Ainsi, dans l'implémentation réalisée au cours de cette thèse et détaillée dans la section 5.2, le langage utilisé (C++) permet par une surcharge des opérateurs d'indexation, par exemple, de construire des objets à l'interface identique à celle d'un tableau bidimensionnel.

Volume du stockage

Du fait de l'existence en plusieurs exemplaires de certains éléments, le stockage étendu est plus volumineux que les stockages par lignes et par blocs. Cet effet est toutefois assez négligeable : pour une matrice de données, dont la taille en stockage par lignes (ou par blocs) est notée T, divisée en blocs de C colonnes sur R lignes, avec des frontières d'épaisseur F_h horizontalement et F_v verticalement telles que $F_h \leq \frac{R}{2}$ et $F_v \leq \frac{C}{2}$, sa taille T' dans le stockage étendu est donnée par :

$$T' = T * (1 + \frac{4 * F_h * F_v}{R * C})$$

Le facteur de surcoût est maximal lorsque $F_h = \frac{R}{2}$ et $F_v = \frac{C}{2}$, un cas extrême où chaque frontière correspond à la moitié du bloc, ce qui est irréaliste du point de vue du modèle d'exécution parallèle. Dans les cas pratiques, F_h et F_v sont souvent égaux à 1 ou 2, alors que R et C sont au moins un ordre de grandeur supérieur. Le surcoût du stockage est alors négligeable par rapport à la taille du problème et à la capacité du support de stockage.

En somme, les inconvénients du stockage étendu par rapport au stockage par blocs sont minimes et peuvent être facilement contournés avec une implémentation judicieuse.

2.2 Changement d'agencement

On peut légitimement supposer que les données utilisées dans une application réelle sont manipulées au-delà de l'application. Elles peuvent par exemple être générées ou faire l'objet d'un traitement préalable à l'utilisation de l'application. De même, les données une fois calculées peuvent être visualisées par un autre outil ou subir d'autres manipulations. Dans l'optique de pouvoir facilement insérer une application utilisant un agencement différent du stockage par lignes dans une telle chaîne d'outils, il est nécessaire d'effectuer deux transformations :

– un pré-traitement, qui permet de passer du stockage par lignes à un stockage pour l'*out-of-core*,

– un post-traitement, qui permet de passer du stockage pour l'*out-of-core* au stockage par lignes.

Ici, le stockage pour l'*out-of-core* s'applique au stockage par bloc et au stockage étendu.

Parmi les différentes stratégies possibles pour l'implémentation du pré-traitement, celle mise en œuvre dans les expériences menées au cours de cette thèse utilise la méthode illustrée par l'algorithme 2.1.

Pour des blocs de w colonnes sur h lignes, l'idée est de lire avec une seule requête contiguë h lignes de la matrice de données d'origine, stockée par lignes. De cette façon, on obtient en

29

Algorithme 2.1 Pré-traitement.

Entrées : Matrice de données avec stockage par lignes
Sorties : Matrice de données avec stockage par blocs ou étendu
1: **pour toute** rangée r de blocs de taille $w * h$ **faire**
2:     $l \leftarrow h$ prochaines lignes des données d'entrée
3:     **pour tout** bloc b dans r **faire**
4:         Ajouter les $w * h$ éléments de l correspondant à b aux données de sortie
5:     **fin pour**
6: **fin pour**

---

mémoire le contenu de tous les blocs d'une même rangée. Il suffit ensuite de copier pour chacun de ces blocs h morceaux de w éléments afin de reconstruire en mémoire le bloc contigu, qui est finalement réécrit dans la matrice de données de sortie.

Le post-traitement utilise la méthode inverse, comme indiqué par l'algorithme 2.2. Toutefois, afin d'éviter de recharger chaque bloc h fois et de n'en extraire que w éléments à chaque fois, on charge les blocs une seule fois et on éclate les h morceaux de w éléments dans la matrice de données de sortie, aux emplacements qui correspondent dans le stockage par lignes. Cette méthode utilise donc la capacité du système de stockage à réserver l'emplacement total de la matrice de données de sortie et d'y écrire des éléments à un emplacement spécifié, ce qui est un comportement largement répandu dans les systèmes de fichiers.

Algorithme 2.2 Post-traitement.

Entrées : Matrice de données avec stockage par blocs ou étendu
Sorties : Matrice de données avec stockage par lignes
1: **pour toute** rangée r de blocs de taille $w * h$ **faire**
2:     **pour tout** bloc b dans r **faire**
3:         **pour toute** ligne l dans b **faire**
4:             Écrire l dans les données de sortie, à la position correspondante dans b
5:         **fin pour**
6:     **fin pour**
7: **fin pour**

Par leurs structures, ces algorithmes s'utilisent sur des fichiers stockés sur disque en permettant un chargement maximal en mémoire afin de diminuer le temps nécessaire à ces deux opérations.

Conclusion

Ce chapitre s'est attaché à montrer les problèmes liés au calcul out-of-core d'une application à front d'onde, en se plaçant du point de vue d'une entité algorithmiquement atomique : le bloc.

L'agencement étendu, apporté par cette thèse, a été conçu à partir des problématiques liées aux agencements habituels, par lignes et par blocs. Enfin, l'intégration des agencements adaptés au calcul out-of-core dans une application, au travers des opérations de pré-traitement et de post-traitement, a été détaillée. Il reste à démontrer expérimentalement que ces deux manipulations supplémentaires n'ont qu'un petit impact sur l'exécution complète de l'application. Cette démonstration sera fournie dans la partie III.

Chapitre 3

Modèle de synchronisation

Introduction

Ce chapitre traite des aspects de synchronisation entre les tâches de calcul montrant une dépendance de données. Le contexte va au-delà des algorithmes à front d'onde, puisqu'on ne considère plus ici la localité mais uniquement la dépendance de données en tant que telle.

Le modèle de synchronisation que nous introduisons ici vise à proposer un environnement permettant de simplifier la synchronisation d'un large panel d'applications. Celles-ci sont caractérisées par deux propriétés :

1. un ensemble de tâches de calcul montrant une dépendance de données,

2. un calcul itératif.

Les algorithmes à front d'onde, comme celui du *Livermore kernel 23*, répondent à cette définition, mais également toute une catégorie d'autres applications pour lesquelles la dépendance de données n'implique pas une notion de voisinage entre les tâches. La propriété de calcul itératif n'est pas particulièrement nécessaire pour pouvoir utiliser notre modèle de synchronisation, mais s'y adapte particulièrement bien. Ces applications sont donc simplement orientées données et on suppose que la granularité des tâches est telle que chacune d'elles exécute un programme séquentiel, ce qui permet le recyclage de codes existants.

À cause de la dépendance de données, il est nécessaire de synchroniser l'accès aux données par les tâches. L'utilisation des mécanismes de verrouillage est habituellement une des difficultés principale du calcul parallèle. Il faut en effet assurer une forme d'équité entre les tâches et l'absence d'interblocages. Le but de notre modèle est de garantir ces deux propriétés. L'équité est une propriété qui devient vraiment intéressante pour des applications de calculs itératifs, où la progression du nombre d'itérations calculées par chaque tâche devient une métrique significative.

Dans ce modèle, on suppose que chaque tâche opère sur un ensemble de données défini algorithmiquement, et que le résultat de son calcul peut être utilisé en entrée du calcul d'une ou plusieurs autres tâches, comme décrit par exemple dans [5]. Ce type de système peut être vu à la manière des algorithmes à front d'onde, c'est-à-dire où chaque tâche est responsable du calcul sur une partie des données, à partir de données placées sous la responsabilité d'autres tâches.

La figure 3.1 montre l'exemple de cette responsabilité pour l'algorithme du *Livermore kernel 23*. Une tâche chargée du calcul d'un bloc gris a besoin d'un accès exclusif (E) à celui-ci, et d'un accès inclusif (I) aux blocs blancs des tâches voisines.

Cette sémantique est typiquement la même que celle des verrous de lecture/écriture (*Read-Write Locks, RWL*) qui sont proposés par tous les systèmes d'exploitation modernes et dont

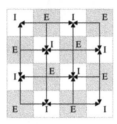

FIGURE 3.1 – Sémantique des accès aux données pour le *Livermore kernel 23*.

des implémentations parallèles ([34; 28]) et distribuées ([42]) existent. On pourrait être tenté d'associer naïvement de telles structures de données à chacun des blocs et demander à chaque tâche d'effectuer le verrouillage souhaité. Le principal défaut des RWL est que leur définition n'impose pas l'ordre dans lequel le verrouillage est effectué dans le cas où plusieurs tâches en font la requête simultanément. C'est le cas par exemple pour les deux types de RWL définis dans la norme POSIX [26] : `pthread_rwlock_t` et les verrous sur les fichiers (avec `fcntl`). Dans ce cas précis, la norme spécifie qu'il n'y a pas de garantie sur l'ordre dans lequel les accès sont octroyés, une implémentation en particulier pouvant opter pour une politique d'accès favorisant les écrivains sur les lecteurs.

Ce genre de libertés sur l'ordre dans lequel les accès sont octroyés est vue comme pratique du point de vue du système d'exploitation, mais est clairement très problématique du côté applicatif. Il est en effet possible qu'une inversion dans le cycle d'octroi conduise à une situation d'interblocage qu'il est extrêmement fastidieux de déboguer. L'autre inconvénient majeur de ce genre de spécification des RWL est qu'il devient difficile de garantir une progression équitable des tâches. En cas de contention sur un verrou, deux écrivains pourraient parfaitement alterner dans l'accès aux données, laissant les lecteurs dans une attente interminable.

De plus, le modèle habituel des RWL octroie l'accès à une entité exécutive (processus ou thread) et non pas à une entité de données. Ce genre de dissociation pourrait être pratique pour une tâche qui souhaite réserver pro-activement une ressource dans un futur proche, ce qui lui laisse de temps de faire d'autres activités avant de revenir à l'attente du verrou lorsque cela devient indispensable.

3.1 Définition du modèle

Dans notre modèle de synchronisation, les applications sont modélisées comme un ensemble $\mathcal{T}$ de tâches de calcul telles qu'il y ait une dépendance de données entre elles. Si l'application est itérative, une ou plusieurs de ces tâches peuvent être récurrentes, c'est-à-dire s'exécuter plusieurs fois.

Les dépendances de données sont modélisées par des opérations de lectures et d'écritures qui ne sont pas nécessairement atomiques. Une dépendance de données de $v \in \mathcal{T}$ vers $w \in \mathcal{T}$ implique que v ne peut s'exécuter que lorsque w ne s'exécute pas, sinon v pourrait lire des morceaux de données incohérents de w, une partie datant d'avant l'exécution de w et l'autre d'après. Parmi les approches possibles au problème de l'atomicité des accès, la capture atomique, comme décrite dans [41; 1; 17], permet un accès en exclusion mutuelle aux données. Toutefois, cette approche se concentre principalement sur la protection des accès concurrents et les opérations sans attente, tandis que nous nous intéressons plus au contrôle algorithmique et à la cohérence des données, particulièrement dans le cas d'un stockage hiérarchique.

Les dépendances de données entre les tâches d'une application $\mathcal{T}$ sont modélisées par le graphe de conflit.

Définition 3.1 (Graphe de conflit). *On construit le graphe de conflit* $C(\mathcal{T})$ *d'un ensemble de tâches* $\mathcal{T}$ *en plaçant un arc entre* $v, w \in \mathcal{T}$ *si* v *lit les données de* w *ou* w *lit les données de* v.

Un sous-ensemble de tâches $T' \subseteq \mathcal{T}$ est *indépendant* s'il n'y a pas de dépendance de données pour toute paire de tâches $v, w \in T'$. Les sous-ensembles de tâches indépendants peuvent être exécutés en parallèle et il apparait clairement que T' est indépendant si et seulement si il forme un ensemble indépendant dans le graphe de conflit $C(\mathcal{T})$. La taille de l'ensemble indépendant maximum dans $C(\mathcal{T})$ définit donc le parallélisme maximal qui peut être atteint par l'application $\mathcal{T}$.

3.1.1 *Ordered Read-Write Locks*

Notre modèle de synchronisation est basé sur des verrous de lecture/écriture ordonnés, *Ordered Read-Write Locks* ou ORWL, c'est-à-dire pour lesquels l'ordre d'octroi des accès est celui dans lequel les requêtes ont été formulées (*First-Come, First-Served*). Une telle politique d'accès a déjà été implémentée efficacement pour le problème plus simple de l'exclusion mutuelle dans [15]. Cette politique est le point important du modèle car nécessaire aux preuves de bonnes propriétés de celui-ci.

Les requêtes de verrouillage sur les ORWL se font au travers de *Lock Handles*, ou LH. Les LH permettent aux tâches d'envoyer de nouvelles requêtes à un ORWL tout en possédant déjà un accès au verrou au travers d'un autre LH. L'acquisition d'un verrou passe donc par deux étapes :

1. Poser une requête en lecture ou en écriture au travers d'un LH. Cette étape insère la requête dans la queue FIFO du verrou pour un usage ultérieur (le requéreur est donc libre de continuer son exécution).

2. Exiger la requête précédente. Cette étape permet d'attendre jusqu'à ce que la requête arrive en tête de la queue FIFO du verrou, donnant ainsi accès en lecture ou en écriture à la ressource associée.

Cette méthode de fonctionnement permet aux tâches de préparer l'obtention d'un verrou en avance, ce qui est notamment utilisé dans les applications itératives (voir la définition 3.5).

3.1.2 *Overlay*

Notre modèle associe à un système de tâches interdépendantes une couche de synchronisation appellée *overlay*. Il s'agit d'une abstraction du schéma d'accès aux données dont le rôle est de donner le contrôle aux tâches aux moments appropriés (en fonction de la dépendance de données entre elles). Plus spécifiquement, on suppose que l'espace de données est partitionné maximalement vis-à-vis des dépendances de données et qu'on associe à chaque morceau de données de ce partitionnement (appellé *lieu*) un ORWL. Pour plus de simplicité, on utilisera indistinctement la notion de requête sur un lieu et sur l'ORWL associé.

Du point de vue des tâches, obtenir le contrôle se fait en faisant une requête exclusive sur chaque lieu qu'elles sont chargées de calculer. On peut alors voir les tâches comme étant propriétaires de ces lieux. Les dépendances de données sont modélisées par les tâches en faisant des requêtes inclusives sur les lieux qui sont la propriété d'autres tâches. Lorsque toutes ces requêtes ont été satisfaites, la tâche est autorisée à effectuer son action de calcul sur les lieux dont elle est propriétaire, en utilisant au besoin les données des lieux dont elle a obtenu un accès en lecture seulement.

Le partitionnement en lui-même dépend de l'application et ne fait pas parti du modèle. Dans le cas du *Livermore kernel 23*, les lieux sont les blocs de données de la matrice d'origine et chaque tâche est propriétaire d'un seul lieu. Les tâches entrent ensuite en compétition pour l'obtention des accès en écriture à leurs lieux et en lecture à ceux des tâches voisines.

Définition 3.2 (Overlay). *Un overlay défini sur un système de tâches composé de n lieux a les propriétés suivantes :*

- *Chaque lieu peut recevoir un empilement de taille arbitraire de requêtes exclusives et inclusives, numérotées en partant du bas. Cette numérotation est appellée* priorité de la requête dans le lieu.

- *La requête de priorité la plus basse dans un lieu, si elle existe, est notée comme* acquise. *Il faut noter qu'une requête de priorité basse sera acquise avant une requête de priorité haute. Dans ce modèle, "basse" et "haute" pour parler d'une priorité réfèrent à sa position dans l'ordre de numérotation et non à son éventuel ordre de préemption.*

- *Les requêtes inclusives correspondent à un ou plusieurs LH au travers desquels les tâches ont effectué une requête en lecture. Les requêtes exclusives correspondent toujours à un seul LH au travers duquel une tâche a effectué une requête en écriture.*

- *Dans l'ordre de priorité, une requête inclusive ne peut être suivie que par une requête exclusive. Il n'y a pas de telle restriction sur les requêtes exclusives, qui peuvent être suivies par n'importe quel type de requête (i.e. des requêtes inclusives successives sont fusionnées)*

- *Les lieux qui n'ont pas de requêtes exclusives sont appelés* non-contraints *et peuvent être retirés du système. Les autres lieux sont appelés* contraints.

- *Les tâches sont représentées par au moins une requête exclusive et l'ensemble des requêtes inclusives qu'elles ont demandé.*

Définition 3.3 (Exécutabilité). *Une tâche est dite* exécutable *si toutes ces requêtes sont acquises, sinon elle est dite* en attente. *Pour un overlay donné S, le sous-ensemble R(S) des lieux où les requêtes les plus basses sont des requêtes exclusives de tâches exécutables définit l'ensemble de lieux exécutables de S. Les lieux qui ne sont pas exécutables sont dit* bloqués.

On visualise les overlays par un graphe orienté des dépendances de données. Les requêtes exclusives sont notées par des □, et les requêtes inclusives par des ○. Les requêtes sont connectées ensembles suivant la dépendance de données des tâches qui les ont définies. Les connexions vont toujours d'une requête exclusive vers une requête inclusive, capturant par là la sémantique de la dépendance de données («il me faut les données de tel lieu pour faire le calcul ici»). La figure 3.2 montre un exemple d'overlay.

Les tâches grises partagent des requêtes inclusives avec les tâches blanches, mais seule la tâche en gris clair est exécutable (toutes ses requêtes sont acquises). La tâche en gris foncé et les tâches blanches sont des exemples de tâches partiellement ou totalement en attente.

Définition 3.4 (Connexité). *On dit qu'un overlay est* connexe *si et seulement si le graphe de conflit du système de tâches est connexe.*

Dans la suite de ce chapitre, on suppose que les overlays seront toujours connexes. Un overlay non-connexe peut être vu comme un ensemble de sous-systèmes indépendants et connexes auxquels s'appliquent les définitions et preuves suivantes.

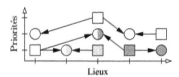

FIGURE 3.2 – Exemple d'overlay avec différents types de tâches.

3.2 Progression des tâches itératives

Notre modèle de synchronisation s'adapte bien aux applications itératives, comme l'algorithme du *Livermore kernel 23*, pour lesquelles il synchronise les tâches entre le calcul de chaque itération, et permet une progression homogène des tâches.

Pour ces applications, l'espace de données est découpé et chaque morceau est associé à une tâche chargée de le mettre à jour. Chaque morceau est un lieu dans l'overlay associé, et on associe donc un ORWL par morceau.

Définition 3.5 (Évolution). *Soit S un overlay et $L = \{L_1, \ldots, L_n\} \in R(S)$ un ensemble de lieux exécutables correspondants à une tâche T exécutable, avec $X = \{X_1, \ldots, X_n\}$ les requêtes exclusives acquises sur chacun des lieux de L. On dit que S peut évoluer en exécutant T, en suivant les étapes suivantes :*

Préparation *Pour toute requête exclusive $X_i \in X$ et toute requête inclusive I_k du lieu $L_k \in S$ à laquelle X_i est connectée :*
- *on place une copie X_i' au-dessus de L_i,*
- *on place une copie I_k' au-dessus de L_k,*
- *pour chaque connexion entre X_i et I_k, on place une connexion similaire entre X_i' et I_k'.*

Calcul *T effectue son calcul.*

Nettoyage *Pour toute requête exclusive $X_i \in X$ et toute requête inclusive I_k du lieu $L_k \in S$ à laquelle X_i est connectée :*
- *on retire la connexion entre X_i et I_k,*
- *on retire I_k s'il n'y a plus de connexion vers elle,*
- *on retire X_i.*

De manière moins formelle, l'exécution d'une tâche représentée par un ensemble de requêtes exclusives se fait en trois étapes. Durant la phase de préparation, la tâche insère dans l'overlay une copie de ses requêtes, exclusives et inclusives, qui représentent les besoins de la tâche pour la *prochaine* itération. Après son calcul, la tâche nettoie l'overlay des requêtes qui la représentent pour l'itération courante. La figure 3.3 montre un exemple détaillé de ces différentes étapes sur un overlay de trois tâches (en blanc, gris clair et gris foncé).

Une fois qu'un overlay est initialisé, l'évolution du calcul se fait par la compétition des tâches sur un sous-ensemble prédéfini d'ORWL. Les tâches s'exécutent en réalisant, éventuellement en boucle, les étapes de la régle d'évolution. Cela signifie que de nouvelles requêtes ne peuvent

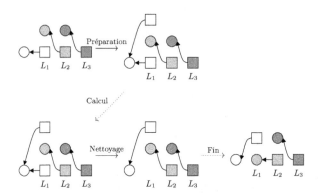

FIGURE 3.3 – Détails des étapes de l'évolution de la tâche en L_1.

être formulées durant la phase de préparation que si ces mêmes (anciennes) requêtes sont déjà acquises par la tâche.

Définition 3.6 (Parallélisme). *Le degré de parallélisme d'un overlay S est donné par :*

$$\|S\| = \frac{|R(S)|}{|S|}$$

Un degré de parallélisme de 0 correspond à une situation d'interblocage ($R(S) = \emptyset$, il n'y a donc plus de lieux exécutables).
Un degré de parallélisme de 1 est maximal ($R(S) = S$, la totalité des lieux de l'overlay sont exécutables).

Tel qu'il est défini, le degré de parallélisme se calcule sur une image fixée dans le temps d'une itération donnée. Les applications itératives peuvent donner différents degrés de parallélisme, en fonction de l'itération choisie et de la dépendance de données. Par exemple, la chaîne linéaire de trois tâches, dont les évolutions possibles sont données par la figure 3.4, a deux cycles de trois configurations chacun (*abc* et *bcd*). Sur chacun de ces cycles, une configuration a un degré de parallélisme de $\frac{2}{3}$ et les deux autres un degré de parallélisme de $\frac{1}{3}$. Le degré de parallélisme moyen sur un cycle, et donc sur la totalité d'une itération, est de $\frac{4}{9}$.

Définition 3.7 (Régression). *La règle d'évolution donnée par la définition 3.5 peut être facilement inversée en considérant un overlay horizontalement symétrisé auquel on applique la règle d'évolution.*
Ceci est équivalent à remplacer dans la règle d'évolution "au-dessus" par "en-dessous".

3.3 Forme canonique

Dans sa forme générale, notre modèle permet à plusieurs tâches d'opérer sur les mêmes données. Dans un overlay, elles se modélisent par plusieurs requêtes exclusives sur un même lieu,

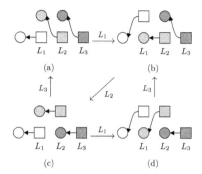

FIGURE 3.4 – Évolution d'une chaîne linéaire de trois tâches.

chaque requête étant produite par une des tâches. Pour un tel overlay général S, il est possible de dériver un overlay avec une seule requête exclusive par lieu mais qui maintient l'ordre dans lequel les tâches s'exécutent. Cet overlay dérivé est appelé *forme canonique*.

Définition 3.8 (Forme canonique). *Un overlay est dit en* forme canonique *si il a au plus une requête exclusive par lieu.*

La figure 3.5 illustre le schéma de modification utilisé pour transformer un overlay en forme canonique. Ici, un lieu avec n requêtes exclusives, appelé *pile*, est coupé en n nouveaux lieux avec une seule requête exclusive chacun, appellés *escalier*. On place les requêtes exclusives entre deux requêtes inclusives sur chaque lieu, puis on connecte la requête exclusive à la requête inclusive supérieure du lieu précédent et à la requête inclusive inférieure du lieu suivant. Une règle légèrement différente s'applique aux premier et dernier lieux, qui sont connectés comme sur la figure : la requête exclusive du premier lieu est connectée à la requête inclusive inférieure du dernier lieu, et la requête exclusive du dernier lieu est connectée à la requête inclusive supérieure du premier lieu. Cette règle spéciale permet de garantir que lors d'une exécution itérative, la première tâche s'exécutera à nouveau après la dernière tâche.

Les requêtes exclusives notées C sur la figure, qui se connectent à l'intérieur de la pile (requête inclusive en gris sur la figure 3.5(a)) sont connectées aux deux copies de leur requête inclusive (en gris sur la figure 3.5(b)) dans l'escalier.

Pour les requêtes exclusives notées A et B sur la figure, qui se connectent au-dessus ou en-dessous de la pile, on applique une règle de connexion spéciale, afin de rester cohérent avec le modèle d'exécution des applications itératives : les requêtes A deviennent analogues aux requêtes B après leur exécution.

Lemme 3.9. *La transformation de la pile vers l'escalier, telle qu'illustrée par la figure 3.5, conserve l'ordre dans lequel les requêtes originales sont acquises.*

Démonstration. On montre par induction que si la transformation en forme canonique conserve l'ordre d'acquisition des requêtes originales pour la pile de taille n, alors elle conserve cette propriété pour la pile de taille $n + 1$.

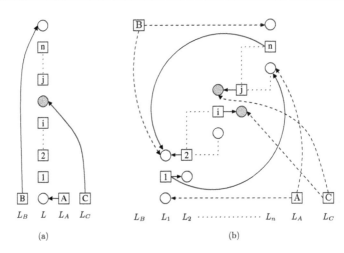

FIGURE 3.5 – Transformation en forme canonique.

Remarque. Supposons que l'on ait plusieurs requêtes exclusives de type A et B, comme illustré sur la figure 3.5. On peut remarquer que seuls les lieux L_A sont exécutables dans la pile et dans l'escalier. Une fois que les tâches associées ont été exécutées, les requêtes A et B sont connectées aux mêmes requêtes inclusives, au sommet de la pile et de l'escalier. On peut donc renommer les requêtes A en requêtes B, ce qui laisse la charge de la preuve de la propriété sur les requêtes B uniquement.

On note $X^k(i)$ le moment à partir duquel la $i^{\text{ème}}$ requête exclusive peut être acquise pour l'itération k. Pour une pile de taille n, on a l'ordre suivant :

$$1 \le i < n, X^k(i) < X^k(i+1)$$

$$X^k(n) < X^k(B)$$

$$X^k(B) < X^{k+1}(1)$$

Notons au passage que la deuxième et la troisième équation ne spécifient pas l'ordre dans lequel les requêtes B sont acquises. C'est la politique d'ordonnancement sous-jacente qui le définit.

Supposons maintenant que la propriété de conservation est vraie pour l'escalier de taille n. On construit la forme canonique de la pile de taille $n+1$, l'escalier de taille $n+1$, à partir de l'escalier de taille n, en appliquant les règles suivantes :

1. suppression des deux connexions entre les requêtes exclusives n et 1,

2. ajout des deux connexions entre les requêtes exclusives n et $n+1$,

3. ajout des deux connexions entre les requêtes exclusives $n+1$ et 1,

4. suppression des connexions entre les requêtes exclusives B et n,

5. ajout des connexions entre les requêtes exclusives B et $n+1$.

Les équations suivantes sont donc supprimées :

- $X^k(n) < X^{k+1}(1)$, par la règle 1,
- $X^k(n) < X^k(B)$, par la règle 4,

tandis que les équations suivantes sont ajoutées :

- $X^k(n) < X^k(n+1)$, par la règle 2,
- $X^k(n+1) < X^{k+1}(1)$, par la règle 3,
- $X^k(n+1) < X^k(B)$, par la règle 5.

La propriété de conservation est donc bien maintenue pour l'escalier de taille $n+1$.

Enfin, notons C une requête exclusive connectée à la requête inclusive grise, entre les requêtes exclusives i et j. Dans la pile de taille n, on a donc $X^k(i) < X^k(C) < X^k(j)$. Pour l'escalier de taille n, en connectant C au-dessus de i on a $X^k(i) < X^k(C)$, et en connectant C en-dessous de j, on a $X^k(C) < X^k(j)$.

Au final, on a par induction une conservation de l'ordre d'acquisition des requêtes originales entre la pile et l'escalier. □

Il est important de noter que ces règles de remplacement garantissent que l'ordre d'acquisition des requêtes reste stable, même dans le cas où des requêtes analogues sont repostées par des tâches itératives : les requêtes B seront toujours acquises entre les requêtes n et 1, mais l'ordre relatif entre elles n'est pas fixé.

3.3.1 Taille en forme canonique

Pour une pile de taille n dans laquelle m requêtes exclusives externes sont connectées, le nombre de nouvelles requêtes inclusives ajoutées lors de la construction de l'escalier de taille n est au plus $2n$ et le nombre de connexions ajoutées est au plus $2n + m$. Comme chaque requête exclusive et chaque connexion n'apparaît qu'une seule fois lors de la transformation en forme canonique, la taille totale de l'overlay en escalier reste linéaire par rapport à la taille de l'overlay en pile.

Dans la définition de la forme canonique, une tâche correspond exactement à une seule requête exclusive, mais ce n'est pas une limitation dans la capacité de modélisation. Du point de vue de l'overlay, une tâche formée de n requêtes exclusives couplées sur les lieux $L = L_1, \dots, L_n$ est bloquée par n'importe quelle requête placée en-dessous de la tâche sur un lieu de L. Elle bloque également toute requête placée au-dessus de la tâche sur un lieu de L. La tâche peut donc être vue comme, et remplacée par, une requête exclusive unique sur le meta-lieu L.

3.3.2 Configurations en forme canonique

Dans la suite de ce modèle, on supposera que les overlays sont donnés en forme canonique. Cela implique notamment qu'il peut y avoir au plus trois requêtes en attente par lieu. Les combinaisons valides, appellées *combinaisons canoniques* sont données par la figure 3.6. Cette considération permet de restreindre dans l'implémentation la longueur des files d'attente à trois éléments.

La supposition de la forme canonique ne change pas la capacité de modélisation et augmente la taille de l'overlay par au plus un facteur constant. Pour simplifier notre modèle, avec un overlay en forme canonique, on pourra donc utiliser indistinctement trois types d'objets conceptuellement différents : l'ensemble des tâches, l'ensemble des lieux et l'ensemble des requêtes

FIGURE 3.6 – Combinaisons canoniques.

exclusives. Chaque tâche correspond à exactement un lieu et est la seule à avoir une requête exclusive sur ce lieu.

On suppose également que la transformation en forme canonique d'un ensemble de tâches représentant une application complexe peut faire facilement l'objet d'un pré-traitement, et que le coût de cette transformation est négligeable sur le temps d'exécution de l'application.

3.3.3 Cas particulier pendant l'évolution

Dans la règle d'évolution, durant la phase de préparation, l'ajout d'une requête exclusive modifie le lieu dans une configuration qui n'est pas valide en forme canonique, jusqu'à la phase de nettoyage. Ceci introduit une nouvelle combinaison, illustrée par la figure 3.7. Cette situation n'est pas particulièrement problématique. En effet le modèle d'exécution d'une application itérative précise que rien ne peut être ajouté au-dessus d'un tel lieu tant que la requête inclusive centrale n'a pas été acquise. Ceci ne peut arriver qu'une fois la requête exclusive inférieure nettoyée, ce qui ramène à une configuration valide en forme canonique.

FIGURE 3.7 – Nouvelle combinaison semi-canonique.

Dans cette nouvelle combinaison, appellée *semi-canonique*, la requête exclusive inférieure correspond à l'exécution de la $n^{\text{ème}}$ itération, tandis que la requête exclusive supérieure correspond à l'exécution de la $n + 1^{\text{ème}}$ itération de la même tâche.

3.4 Interblocages

Une définition généralement admise de la situation d'interblocage est la présence dans une application de plusieurs entités d'exécution bloquées par l'attente d'une ressource détenue par une autre d'entre elles. Dans ces situations, certaines tâches d'une application sont bloquées *ad infinitum*, ce qui peut engendrer des blocages en cascade jusqu'à l'arrêt complet de l'application. Avec les outils de synchronisation habituels, comme les RWL, écrire une application avec comme objectif d'éviter les interblocages devient vite fastidieux et difficile. L'un des objectifs de notre nouveau modèle de synchronisation est de permettre de garantir l'absence totale d'interblocages.

Définition 3.10 (Interblocage). *Un overlay connexe est en* interblocage *si tous ses lieux sont bloqués. Un overlay non-connexe est en interblocage si au moins une de ses composantes connexes est en interblocage.*

Pour qu'un overlay soit en interblocage, il est clair qu'il doit y avoir une sorte de cycle dans ses dépendances, chaque tâche dans le cycle étant bloquée par une autre tâche du cycle. La détection de ces cycles *à priori* et les techniques permettant d'éviter leur introduction est l'un des objectifs principaux de notre modèle d'overlay (voir le lemme 3.13 ci-dessous).

Définition 3.11 (Support minimal). *Le support minimal d'un interblocage dans un overlay S est donné par le plus petit sous-ensemble D de S, à la fois sur les lieux et sur les priorités, tel que la restriction de S à D soit en interblocage.*

La figure 3.8 donne trois exemples de supports minimaux d'interblocages : les tâches peuvent être bloquées par l'attente de requêtes inclusives (figure 3.8(a)), de requêtes exclusives (figure 3.8(b)), ou d'un mélange des deux (figure 3.8(c)).

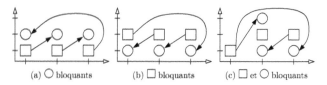

(a) ○ bloquants   (b) □ bloquants   (c) □ et ○ bloquants

FIGURE 3.8 – Exemples de supports minimaux d'interblocages.

3.4.1 Détection

Comme expliqué précédemment, une situation d'interblocage implique l'existence d'un cycle dans les dépendances de données. Cette section montre comment détecter un interblocage dans un overlay.

Définition 3.12 (Graphe orienté de retard). *Pour un overlay S en forme canonique, on construit son* graphe orienté de retard *avec les règles suivantes :*

1. *On construit un graphe non-orienté où les sommets sont les lieux. On ajoute une arête chaque fois qu'il existe une connexion entre deux lieux dans l'overlay. Ce graphe est isomorphique au graphe de conflit sur les tâches défini précédemment.*

2. *On ajoute les orientations sur les arêtes en fonction du type de connexion dans l'overlay :*

   – *Si la requête exclusive A est connectée à une requête inclusive située au-dessus de la requête exclusive B, l'arc est orienté A → B, comme sur la figure 3.9(a)*

   – *Si la requête exclusive A est connectée à une requête inclusive située en-dessous de la requête exclusive B, l'arc est orienté A ← B, comme sur la figure 3.9(b)*

Le lemme 3.13 montre que la présence d'un interblocage dans un overlay est équivalente à celle d'un cycle dans le graphe orienté de retard associé.

Lemme 3.13. *Un overlay S en forme canonique est en interblocage si et seulement si son graphe orienté de retard admet un circuit.*

Démonstration. Dans le graphe orienté de retard, un arc du lieu L vers le lieu L' signifie que L est bloqué tant que L' est bloqué. Ainsi, s'il existe un circuit dans le graphe, tous les lieux dans le circuit sont bloqués, ce qui répond à la définition d'un interblocage.

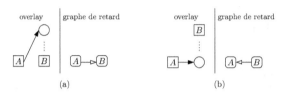

FIGURE 3.9 – Orientation dans le graphe de retard.

Réciproquement, si un interblocage existe alors tous les lieux dans l'interblocage sont bloqués et sont donc connectés à un lieu bloqué dans le graphe orienté de retard. Supposons que tous ces lieux ne soient pas dans un circuit, alors au moins un des lieux doit être un puit, ce qui signifie qu'il n'est pas bloqué et induit une contradiction. □

Le lemme 3.15 montre qu'en suivant la règle d'évolution, notre modèle d'exécution ne peut ni supprimer ni créer un interblocage.

Définition 3.14 (Successeur). *Un overlay B obtenu en appliquant la règle d'évolution sur un overlay A est appellé* successeur *de A.*
En utilisant la règle de régression, B est appellé prédécesseur *de A.*

Lemme 3.15. *Si un interblocage existe dans un overlay, alors son support minimal existe dans tous les prédécesseurs et tous les successeurs de l'overlay.*

Démonstration. Soit un overlay qui contient un interblocage. Toutes les requêtes exclusives dans le support minimal de l'interblocage sont dans l'une des deux situations suivantes :

– elles n'ont pas la priorité la plus basse dans leurs lieux respectifs,

– elles sont connectées à des requêtes inclusives qui n'ont pas la priorité la plus basse dans leurs lieux respectifs.

Ceci signifie que lorsqu'une exécution se produit, toutes les requêtes et connexions qui sont retirées et ajoutées dans l'overlay ne font pas partie du support minimal de l'interblocage. L'exécution ne modifie pas le support minimal de l'interblocage, qui reste donc présent dans tous les successeurs.

En utilisant la régle de régression au lieu de la règle d'évolution, la preuve s'applique sur tous les prédécesseurs. □

Chapitre 4

Structure algébrique

Ce chapitre s'attache à construire une structure algébrique (un treillis) sur notre modèle d'exécution basé sur la règle d'évolution. Cette structure nous aidera à prouver certaines propriétés du modèle.

Définition 4.1 (Configuration d'overlay). *Soit un overlay I. Un overlay S qui peut être obtenu à partir de I en appliquant la règle d'évolution i fois est dit être en* configuration $\langle i, S \rangle$.
L'overlay I est en configuration $\langle 0, I \rangle$, qui est appellée configuration initiale.
On dit de S qu'il est situé à distance i de la configuration initiale I.

Définition 4.2 (Similarité). *On dit que deux configurations $\langle i, A \rangle$ et $\langle j, B \rangle$ sont similaires si $i \neq j$ et $A = B$.*

Définition 4.3. *La relation $\langle i, A \rangle \rightarrow \langle i+1, B \rangle$ dénote l'application de la règle d'évolution une fois, de la configuration $\langle i, A \rangle$ à la configuration $\langle i+1, B \rangle$.*
La relation $\xrightarrow{*}$ est la clotûre réflexive transitive de la relation $\rightarrow$.
La relation $\xrightarrow{+}$ est la clotûre transitive de la relation $\rightarrow$.

Lemme 4.4 (Relation d'ordre). *Pour une configuration initiale $\langle 0, I \rangle$ donnée, la relation $\xrightarrow{*}$ définit un ordre partiel.*

Démonstration.

Réflexivité   En n'appliquant aucune fois la règle d'évolution, on a $\langle i, A \rangle \xrightarrow{*} \langle i, A \rangle$.

Transitivité   Soit $\langle i, A \rangle \xrightarrow{*} \langle j, B \rangle$ et $\langle j, B \rangle \xrightarrow{*} \langle k, C \rangle$. Il est évident que $\langle i, A \rangle \xrightarrow{*} \langle k, C \rangle$, en appliquant la règle d'évolution le long des chemins vers et depuis $\langle j, B \rangle$.

Antisymétrie   Soit $\langle i, A \rangle \xrightarrow{*} \langle j, B \rangle$ et $\langle j, B \rangle \xrightarrow{*} \langle i, A \rangle$.
Notons que $\langle i, A \rangle \xrightarrow{+} \langle j, B \rangle \implies i < j$. Supposons que $\langle i, A \rangle \neq \langle j, B \rangle$. La règle d'évolution est donc appliquée au moins une fois, et on a donc $i < j$ et $j < i$, ce qui est contradictoire. On a donc $\langle i, A \rangle = \langle j, B \rangle$.
□

Dans la suite de ce chapitre, on prendra la configuration initiale comme minimale dans l'ensemble partiellement ordonné des configurations (appellé également *espace de configurations*). La règle d'évolution par l'ordre $\xrightarrow{*}$ est alors considérée comme allant d'une configuration «inférieure» à une configuration «supérieure». Les figures correspondantes sont dessinées du haut vers le bas, en suivant la règle d'évolution.

Avec la modélisation de la règle d'évolution par l'ordre $\xrightarrow{*}$, la preuve de la structure de treillis de l'espace de configurations requiert donc que deux configurations aient un prédécesseur maximal et un successeur minimal, ce que prouve le lemme 4.7.

Lemme 4.5. *Lorsque deux lieux a et b sont indépendamment exécutables dans un overlay S, l'ordre dans lequel s'exécutent a et b mène toujours au même overlay S'.*

Démonstration. Comme a et b sont indépendants, toutes les requêtes ajoutées et supprimées par l'exécution de a ne modifient pas le lieu b. Réciproquement, toutes les requêtes ajoutées et supprimées par l'exécution de b ne modifient pas le lieu a.

Donc, après l'exécution de a et de b, toutes les requêtes ajoutées et supprimées sont les mêmes, peu importe l'ordre dans lequel les deux lieux ont été exécutés. $\square$

Définition 4.6 (Chemin d'exécution). *On appelle* chemin d'exécution *entre une configuration $\langle i, A \rangle$ et une configuration $\langle j, B \rangle$, avec $i < j$, la liste ordonnée des lieux exécutés pour aller de $\langle i, A \rangle$ à $\langle j, B \rangle$.*

Lemme 4.7. *Soit $\langle t, T \rangle$ un prédécesseur commun à $\langle i, A \rangle$ et $\langle j, B \rangle$ tel que les chemins d'exécution de $\langle t, T \rangle$ à $\langle i, A \rangle$ et $\langle j, B \rangle$ aient un lieu commun exécutable. Alors $\langle t, T \rangle$ n'est pas un prédécesseur maximal de $\langle i, A \rangle$ et $\langle j, B \rangle$.*

Démonstration. Soit $a = (a_t, \dots, a_{i-1})$ le chemin d'exécution de $\langle t, T \rangle$ à $\langle i, A \rangle$, et $b = (b_t, \dots, b_{j-1})$ le chemin d'exécution de $\langle t, T \rangle$ à $\langle j, B \rangle$. Supposons que $L = a_\lambda$ soit le premier lieu de a tel que $L \in a \cap b$.

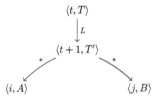

FIGURE 4.1 – Étape inductive.

Si $\lambda = t$ alors L est exécutable dans $\langle t, T \rangle$. Sinon, les lieux $a_t, \dots, a_{\lambda-1}$ ne sont pas exécutés dans b, et comme L est exécuté dans b, les lieux $a_t, \dots, a_{\lambda-1}$ ne peuvent pas changer la propriété de L d'être exécutable. Donc L est déjà exécutable dans $\langle t, T \rangle$.

Par le lemme 4.5, on sait que l'ordre d'exécution des lieux initalement exécutables indépendemment le long d'un chemin n'a pas d'impact, donc on peut permuter l'ordre d'exécution de façon à ce que L apparaisse en premier dans a et b.

On note $\langle t+1, T'\rangle$ la configuration obtenue de $\langle t, T\rangle$ en exécutant L. On a donc la situation de la figure 4.1, ce qui conclut la preuve de ce lemme. □

Ce lemme place la brique de base à la construction de la preuve du théorème suivant. Celui-ci établit la structure de treillis sur l'espace de configurations d'un overlay.

Théorème 4.8 (Structure de treillis). *L'espace de configurations construit à partir d'une configuration initiale et de la règle d'évolution forme un treillis.*

Démonstration. Pour toute paire de configurations $\langle i, A_0\rangle$ et $\langle j, B_0\rangle$ dérivées par la règle d'évolution de la configuration initiale, et telles que $\langle i, A_0\rangle \not\twoheadrightarrow \langle j, B_0\rangle$ et $\langle j, B_0\rangle \not\twoheadrightarrow \langle i, A_0\rangle$, il existe un prédécesseur maximal $\langle p, P_0\rangle$ qui est unique d'après le lemme 4.7. Il s'en suit que les lieux exécutés sur les chemins de $\langle p, P_0\rangle$ à $\langle i, A_0\rangle$ et $\langle j, B_0\rangle$ forment deux ensembles de lieux mutuellement disjoints.

On montre maintenant par induction que $\langle i, A_0\rangle$ et $\langle j, B_0\rangle$ ont un successeur commun, et que le successeur minimal est unique.

Soit $a = \{\!\{a_p, \ldots, a_{i-1}\}\!\}$ le multi-ensemble des lieux exécutés sur le chemin d'exécution de $\langle p, P_0\rangle$ à $\langle i, A_0\rangle$, et similairement soit $b = \{\!\{b_p, \ldots, b_{j-1}\}\!\}$ le multi-ensemble des lieux exécutés sur le chemin d'exécution de $\langle p, P_0\rangle$ à $\langle j, B_0\rangle$.

Par définition, $a \cap b = \emptyset$ et soit $a \neq \emptyset$, soit $b \neq \emptyset$ (sinon $P_0 = A_0 = B_0$). Supposons donc que $a \neq \emptyset$. D'après le lemme 4.5, comme a_p est exécutable dans $\langle p, P_0\rangle$, il reste exécutable le long du chemin de $\langle p, P_0\rangle$ à $\langle j, B_0\rangle$. On a donc $\langle j, B_0\rangle \xrightarrow{a_p} \langle j+1, B_1\rangle$.

Soit $\langle p, P_0\rangle \xrightarrow{a_p} \langle p+1, P_1\rangle$. $\langle p+1, P_1\rangle$ est le prédécesseur maximal de $\langle i, A_0\rangle$ et $\langle j+1, B_1\rangle$ d'après le lemme 4.7. Supposons maintenant que $A_0 \not\twoheadrightarrow B_1$. Alors $\langle p+1, P_1\rangle$, $\langle i, A_0\rangle$ et $\langle j+1, B_1\rangle$ remplissent encore les conditions de l'hypothèse d'induction. On peut donc conclure qu'on ajoute par induction des configurations à $B = (\langle j, B_0\rangle, \langle j+1, B_1\rangle, \ldots, \langle j+\ell, B_\ell\rangle)$ jusqu'à ce que $\langle i, A_0\rangle \xrightarrow{*} \langle j+\ell, B_\ell\rangle$. Ceci montre qu'il y a un successeur à $\langle i, A_0\rangle$ et $\langle j, B_0\rangle$, $\langle j+\ell, B_\ell\rangle$, qui est minimal et unique puisque par construction l'ensemble des lieux exécutés de $\langle p, P_0\rangle$ à $\langle j+\ell, B_\ell\rangle$ est $a \cup b$ et $\ell = |a \cup b|$. □

4.1 Treillis et interblocages

Dans le cas général des applications itératives, l'espace de configurations est un treillis infini, ce qui est une situation désirable pour ce genre de calcul qui nécessite typiquement que l'exécution se poursuive jusqu'à l'arrivée d'un évènement externe (stabilisation du calcul ou nombre pré-défini d'itérations). La figure 4.2 montre le début du treillis de configurations pour la chaîne linéaire de trois tâches, à partir de la configuration initiale de la figure 3.4(b).

Réciproquement, le seul cas où l'espace de configurations est un treillis fini correspond à l'évolution d'un overlay contenant un interblocage.

Théorème 4.9 (Finitude). *Un overlay connexe contenant un interblocage a un espace de configurations fini, avec la configuration maximale qui correspond à la situation d'interblocage.*

Démonstration. Un espace de configurations fini, qui a donc une configuration maximale, remplit la définition d'un interblocage : plus d'évolution possible.

Supposons que l'on ait un overlay contenant un interblocage. Soit $\langle i, D\rangle$ la configuration d'une situation d'interblocage située à la distance minimale i de la configuration initiale, dans l'espace de configurations. Soit $\langle i, C\rangle$ une autre configuration à la même distance de la configuration

45

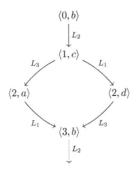

FIGURE 4.2 – Treillis de configurations pour la chaîne linéaire de trois tâches.

initiale. Comme l'espace de configurations est un treillis, on a $\langle j, B \rangle$ avec $\langle i, C \rangle \xrightarrow{+} \langle j, B \rangle$ et $\langle i, D \rangle \xrightarrow{+} \langle j, B \rangle$. Comme $\langle i, D \rangle$ est en situation d'interblocage, il faut que $i = j$ et donc que $B = D$. On a donc aussi $C = D = B$, et les deux configurations à distance i sont les mêmes. Il n'y a donc pas de configuration atteignable à distance $j > i$, le treillis est donc bien fini, avec la configuration maximale qui correspond à la situation d'interblocage. □

4.2 Treillis et homogénéité

L'une des propriétés applicatives visée par notre modèle de synchronisation est la progression homogène des tâches. En ce sens, la structure de treillis, basée sur le lemme 4.5, permet de montrer facilement que tous les chemins entre une configuration $\langle i, A \rangle$ et une configuration $\langle j, B \rangle$, avec $i < j$, ont la même longueur et sont constitués des mêmes lieux.

Théorème 4.10 (Homogénéité). *Dans l'espace de configurations, infini, d'un overlay connexe sans interblocage, tous les chemins d'exécution entre une configuration $\langle i, A \rangle$ et la configuration similaire $\langle j, A \rangle$, avec $i < j$, exécutent autant de fois chacun des lieux de l'overlay.*

Démonstration. Supposons que $\langle j, A \rangle$ soit la configuration similaire à distance minimale de $\langle i, A \rangle$ avec $i < j$.
Par l'application du lemme 4.5, on sait que tous les chemins de $\langle i, A \rangle$ à $\langle j, A \rangle$ sont formés des mêmes lieux. Soit $C = (l_i, \ldots, l_j - 1)$ un tel chemin. Soit L un lieu exécutable en $\langle i, A \rangle$ tel que $L \notin C$. Comme L n'est pas exécuté dans C et que les configurations $\langle i, A \rangle$ et $\langle j, A \rangle$ sont similaires, tous les lieux L_k connectés sur L, et inductivement tous les lieux connectés sur les lieux L_k, ne sont pas exécutés dans C. Comme l'overlay est connexe, il en résulte que $C = \emptyset$ et que donc $i = j$, ce qui est contradictoire.
Tous les lieux de l'overlay sont donc exécutés exactement une fois dans C. Si, dans l'ordre de distance, $\langle j, A \rangle$ est la $n^{\text{ème}}$ configuration similaire à $\langle i, A \rangle$, alors par induction tous les lieux de l'overlay sont exécutés n fois sur les chemins entre ces deux configurations. □

Le théorème 4.10 montre que l'écart de progression entre les tâches entre deux configurations est borné par la taille de l'overlay. Notre modèle permet donc de laisser à l'ordonnanceur du système d'exploitation le choix des tâches à exécuter, avec la garantie pour chaque tâche d'une attente bornée, ce qui évite les situations de famine.

4.3 Lien avec les *Chip Firing Games*

Pendant le développement de notre modèle de synchronisation, un morphisme entre les overlays et les *Chip Firing Games*, CFG, a été défini. Tels que caractérisés dans [31], les CFG sont des graphes orientés où les sommets sont étiquetés d'un certain nombre de grains (*chips*). Une fois qu'un sommet a acquis plus de grains que son degré sortant, il peut être déclenché (*fired*). Déclencher un sommet signifie diminuer son nombre de grains de son degré sortant et distribuer un grain à chaque sommet le long d'un arc sortant.

Les similarités entre le modèle des overlays et celui des CFG ont conduit à la définition du morphisme 4.11 entre leurs espaces de configurations.

Définition 4.11 (Évolution par un CFG). *L'évolution d'un overlay en forme canonique peut être modélisée par un CFG. Le support T du CFG pour un overlay S est construit avec les règles suivantes :*

- *Chaque lieu contraint dans S correspond à un sommet dans T.*
- *Chaque lieu connecté à un lieu non-contraint dans S donne une boucle sur son sommet correspondant dans T.*
- *Chaque connexion entre une requête exclusive et une requête inclusive dans un lieu contraint de S donne une paire d'arcs, un dans chaque direction, entre les sommets correspondants dans T.*

Avec les grandeurs suivantes :

- *$\delta_S(L)$ le nombre de connexions provenant du lieu L,*
- *$\sigma_S(L)$ le nombre total de requêtes du lieu L,*
- *$\omega_S(L)$ la priorité de la requête exclusive du lieu L,*
- *$\rho_S(L, L')$ la priorité de la requête inclusive du lieu L' à laquelle la requête exclusive du lieu L est connectée, ou 0 s'il n'y a pas de telle connexion,*

la distribution initiale de grains pour un sommet ℓ de T correspondant au lieu L de S est :

$$grains(\ell) = \delta_S(L) + \sigma_S(L) - 1 - \omega_S(L) - \sum_{L' \in S} \rho_S(L, L')$$

Les tableaux 4.1 donnent les valeurs de ces grandeurs pour l'exemple de la chaîne linéaire de trois tâches de la figure 3.4. La figure 4.3 montre ensuite l'évolution correspondante dans l'espace de configurations des CFG.

	L_1	L_2	L_3	$\rho_S(L, L')$	L_1	L_2	L_3
$\delta_S(L)$	1	1	1	L'_1	0	1	0
$\sigma_S(L)$	2	2	1	L'_2	0	0	1
$\omega_S(L)$	0	0	0	L'_3	0	0	0

TABLE 4.1 – Distribution des grains pour le CFG correspondant à la chaîne linéaire de trois tâches.

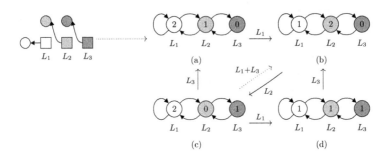

FIGURE 4.3 – Évolution de la chaîne linéaire de trois tâches par un CFG.

On peut noter que par construction, toutes les composantes connexes d'un CFG construit avec ce morphisme sont des composantes closes. Dans [29], une configuration étendue pour les CFG est proposée pour le cas général, en particulier pour les composantes closes. Ce nouvel espace de configurations conserve les mêmes propriétés que l'original, qui sont analogues à celles de l'espace de configurations des overlays : structure de treillis, longueurs identiques des chemins entres deux configurations, etc...

4.4 Initialisation des overlays

Dans cette section, on ne supposera pas qu'un overlay est en forme canonique. En effet, la technique de transformation d'un overlay en forme canonique utilise en entrée un overlay avec un ordre de priorité déjà défini, ce qui est justement le but de l'initialisation.

L'algorithme 4.1 calcule la distribution initiale des requêtes. Son fonctionnement consiste à utiliser un coloriage du graphe de conflit, qui fournit les ensembles de tâches indépendantes et qui peuvent donc être initialisées en parallèle. L'initialisation d'une tâche consiste à placer toutes ses requêtes au-dessus de chacun des lieux correspondants. Pour les requêtes exclusives, le compteur p associé au lieu est incrémenté une première fois (ligne 7) pour placer la requête au sommet du lieu, puis il est incrémenté à nouveau pour que le placement des prochaines requêtes se fasse au-dessus de la requête courante. Pour les requêtes inclusives, la valeur du compteur donne directement le niveau de priorité de la requête (ligne 12), ce qui permet de fusionner de multiples requêtes inclusives sur le même lieu.

Algorithme 4.1 Algorithme d'initialisation d'un overlay.

Entrées : Un ensemble de tâches $\mathcal{T}$, un ensemble de lieux $\mathcal{L}$, et pour chaque tâche $T_i \in \mathcal{T}$, une liste de lieux $(X_1, \ldots, X_{w_i})$ sur lesquels T_i souhaite placer une requête exclusive, et une liste de lieux $(I_1, \ldots, I_{r_i})$ sur lesquels T_i souhaite placer une requête inclusive.

Sorties : Pour chaque lieu $L \in \mathcal{L}$, un ordre de priorité des requêtes sur L tel que l'overlay résultant soit dépourvu d'interblocage.

Étapes préliminaires

- Construire une représentation implicite du graphe de conflit $C(\mathcal{T})$.
- Calculer un coloriage $\mathcal{T}_1, \ldots, \mathcal{T}_n$ du graphe $C(\mathcal{T})$.

1: **pour tout** lieu $L \in \mathcal{L}$ **faire**
2:     $p(L) \leftarrow 0$
3: **fin pour**
4: **pour toute** couleur c de 1 à n **faire**
5:     **pour toute** tâche $T \in \mathcal{T}_c$ **faire en parallèle**
6:         **pour toute** requête exclusive X de T sur le lieu X_i **faire**
7:             $p(X_i) \leftarrow p(X_i) + 1$
8:             priorité de $X \leftarrow p(X_i)$
9:             $p(X_i) \leftarrow p(X_i) + 1$
10:         **fin pour**
11:         **pour toute** requête inclusive I de T sur le lieu I_i **faire**
12:             priorité de $I \leftarrow p(I_i)$
13:         **fin pour**
14:     **fin pour**
15: **fin pour**

Lemme 4.12. *Un overlay initialisé par l'algorithme 4.1 n'a pas d'interblocage.*

Démonstration. Avec le schéma d'initialisation à base du coloriage du graphe de conflit, on voit que la construction du graphe orienté de retard produit des arcs orientés allant d'une tâche de couleur i vers une tâche de couleur j, avec $i > j$.

Il ne peut donc pas y avoir de cycle, puisque les tâches de la couleur la plus basse sont indépendantes (et ne sont donc pas connectées dans le graphe de retard). Donc, l'algorithme initialise bien l'overlay sans interblocage. □

Lemme 4.13. *En dehors des* **étapes préliminaires**, *l'algorithme 4.1 s'exécute en temps linéaire proportionnellement à la taille des données d'entrée et peut être implémenté en parallèle pour s'exécuter en temps n, où n est le nombre de couleurs du coloriage calculé dans l'étape préliminaire.*

Lors de l'**étape préliminaire**, il est inutile de construire la totalité du graphe de conflit $C(\mathcal{T})$, qui peut être assez gros pour des applications où les tâches posent plusieurs requêtes exclusives sur un même lieu. Dans ce cas, $C(\mathcal{T})$ a une clique contenant toutes les tâches avec une requête exclusive sur le même lieu. Une telle représentation explicite peut être évitée en utilisant l'information de conflit implicitement, en maintenant deux types de listes. La première liste garde la trace de toutes les tâches qui posent une requête sur un lieu donné. Ensuite, pour chaque tâche, on maintient une liste de tous les lieux sur lesquels elle a posé une requête. Il est alors facile, pour une tâche donnée $T \in \mathcal{T}$, de parcourir ces listes pour trouver toutes les tâches avec lesquelles T est en conflit.

Il reste alors à calculer un coloriage sur cette représentation implicite de $C(\mathcal{T})$. Bien que ce problème soit NP-complet dans le cas général, il existe de bonnes heuristiques qui donnent des coloriages en au plus $\Delta + 1$ couleurs, avec Δ le degré maximal du graphe. De telles heuristiques, calculables en parallèle, sont décrites dans [18; 19].

La figure 4.4 montre le résultat de l'algorithme pour une chaîne linéaire de quatre tâches. Chaque tâche est formée d'une requête exclusive sur un des lieux, et d'une requête inclusive sur le lieu précédent. Cette figure montre que le choix du coloriage impacte directement l'overlay résultant.

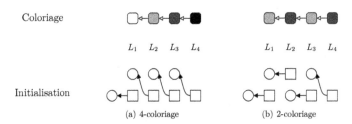

FIGURE 4.4 – Deux initialisations différentes de la chaîne linéaire de quatre tâches.

Pour cet exemple particulier, les deux configurations initiales peuvent être produites avec l'algorithme 4.1, à partir de différents coloriages du graphe de conflit. Toutefois, en utilisant une heuristique en au plus $\Delta + 1$ couleurs, l'algorithme produit au pire un 3-coloriage, mais pas un 4-coloriage comme celui de la figure 4.4(a).

Dans le cas de la chaîne de tâches, les deux initialisations sont des configurations atteignables du même espace de configurations, comme le montre la figure 4.5 : le passage d'une configuration à l'autre se fait par deux évolutions, vers et depuis une configuration intermédiaire ($\dot{a}$ ou $\dot{b}$).

Sur une exécution itérative, le choix de l'une ou l'autre des deux initialisations comme configuration initiale ne change pas le résultat global de l'exécution.

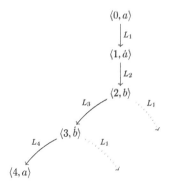

FIGURE 4.5 – Espace de configuration de la chaîne linéaire de 4 tâches.

Il existe en revanche des applications pour lesquelles le choix du coloriage donne deux espaces de configurations disjoints. La figure 4.6 illustre une variante de l'exemple précédent : l'anneau chaîné de quatre tâches.

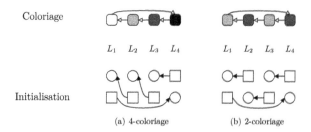

FIGURE 4.6 – Deux initialisations différentes de l'anneau chaîné de quatre tâches.

Pour cette application, le coloriage 4.6(a) donne l'espace de configurations de la figure 4.7(a), tandis que le coloriage 4.6(b) donne l'espace de configurations de la figure 4.7(b), avec les configurations intermédiaires respectivement notées $\dot{a}$, $\ddot{a}$, $\mathring{a}$ et $\dot{a}_1$, $\dot{a}_2$, $\ddot{a}$, $\mathring{a}_1$, $\mathring{a}_2$ pour chacun des espaces de configurations.

Ces coloriages peuvent êtres calculés en parallèle et sur des configurations distribuées, comme dans [18]. De plus, des tests à grande échelle, particulièrement sur des calculs matriciels, montrent que ces algorithmes de coloriage se comportent plutôt bien en pratique, voir [8]. Pour ces implémentations parallèles et distribuées, une détection efficace des conflits de coloriage est cruciale. Avec l'implémentation implicite du graphe de conflit proposée, cette détection peut être réalisée en générant une liste de triplets lieu-couleur-tâche (ℓ_i, c_i, T_i), dont chacune des clefs peut être vue comme un petit entier, ce qui permet de trier la liste avec un algorithme linéaire comme dans [20].

Au final, le calcul du coloriage n'est pas un goulot d'étranglement pour l'utilisation de notre

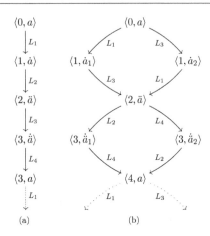

FIGURE 4.7 – Espaces de configurations disjoints.

modèle dans une application réelle. Pour un cas d'exécution réel, on suppose généralement que l'application s'exécute dans une configuration où on fournit à chaque processeur plusieurs tâches par itération ; une estimation approximative du coloriage est donc suffisante.

De plus, l'algorithme 4.1 ne calcule que la configuration initiale, le systéme évoluant de manière asynchrone. L'ensemble des tâches actives en parallèle peut être l'ensemble des lieux exécutables de n'importe quelle configuration accessible. Dans l'exemple de la chaîne linéaire de quatre tâches, les deux coloriages de la figure 4.4 peuvent être générés par l'algorithme 4.1, la sous-figure 4.4(a) correspond au pire coloriage (une couleur par tâche), tandis que la sous-figure 4.4(b) correspond au coloriage optimal (deux couleurs). Bien que le deuxième coloriage donne une configuration avec un degré de parallélisme plus élevé, et est donc clairement un choix préférable, les deux coloriages donnent des configurations qui sont dans le même espace, comme l'illustre la figure 4.5. Ainsi, le comportement à long terme du système ne dépend pas tant de la configuration initiale que de la stratégie d'exécution qui choisit parmi les tâches exécutables.

4.4.1 Transformation en forme canonique

Comme expliqué précédemment, la transformation d'un overlay en forme canonique peut être réalisée avec des règles de remplacement locales qui introduisent de nouveaux lieux, de nouvelles requêtes inclusives, et sont susceptibles de déplacer des dépendances d'une requête à une autre. Ces modifications peuvent être facilement calculables dans un environnement distribué. Il est important de noter que ces remplacements ne changent pas l'exécution : aucune tâche supplémentaire n'est ajoutée et l'ordre d'exécution relatif des tâches est strictement respecté.

4.4.2 Détection des interblocages

Si pour une quelconque raison, un overlay n'est pas initialisé avec l'algorithme 4.1, les propriétés du modèle permettent de détecter un interblocage à postériori. La première idée est de construire le graphe de conflit $C(\mathcal{T})$ et d'en déduire le graphe orienté de retard, dans lequel la détection des circuits permet de détecter les interblocages, voir le lemme 3.13.

Toutefois, avec la structure de treillis, une stratégie plus simple peut être utilisée, qui consiste à tester l'exécution de toutes les tâches.

Théorème 4.14. *Un overlay qui a une séquence d'exécution telle que chaque lieu est exécuté au moins une fois n'a pas d'interblocage.*

Démonstration. Supposons que l'overlay est connexe. Dans le cas contraire, la preuve s'applique à chaque composante connexe.

Soit $L = (L_1, \ldots, L_k)$ un chemin d'exécution dans lequel chaque lieu est exécuté au moins une fois. Soit $L' = (L'_1, \ldots, L'_k)$ la sous-séquence avec les premières occurences des lieux. Par le lemme 4.5, on sait que L' est également exécutable et conduit à un retour à la situation initiale. En conséquence, le treillis de configuration est infini et du théorème 4.9 on en déduit l'absence d'interblocage. □

Le théorème 4.14 peut être utilisé pour tester l'absence d'interblocage dans l'overlay d'une application itérative déjà initialisée. En effet, il suffit d'en faire une exécution sans remise des requêtes après l'exécution des tâches. Si cette exécution termine, alors chaque lieu a été exécuté une fois, et l'overlay n'a pas d'interblocage.

Conclusion

L'analyse théorique de notre modèle a conduit à la preuve des deux propriétés qui constituaient son objectif.

– L'absence d'interblocage est garantie pour un système initialisé convenablement, par exemple avec l'algorithme 4.1. L'implémentation dans une application ne requiert pas plus que le simple dépôt et la réclamation de requêtes, comme c'était le cas avec les RWL, la preuve du lemme 3.13 et du théorème 4.9 en plus.

– L'équité entre les tâches est respectée. Le théorème 4.10 montre que l'évolution d'une application modélisée par un overlay connexe passe nécessairement par l'exécution de toutes les tâches, le long d'un chemin entre deux configurations similaires. L'écart dans les calculs à un instant donné entre deux tâches ne dépend que de la dépendance de données et du nombre de tâches de l'application, les situations de famine communes aux RWL étant implicitement supprimées.

Enfin, l'algorithme d'initialisation proposé avec notre modèle se base sur un coloriage du graphe de conflit des tâches. La qualité de ce coloriage peut conditionner pour certaines applications le niveau de parallélisme qui sera possible au cours de l'exécution. Dans les expériences réalisées et expliquées dans la partie suivante, les overlays ont été systématiquement initialisés avec le coloriage optimal, afin de mesurer uniquement l'impact de notre modèle sur l'exécution des applications.

Conclusion de la deuxième partie

Dans cette partie, nous nous sommes attachés à décrire les deux approches permettant un accès transparent aux données d'un algorithme à front d'onde, dans le cadre de l'exécution d'un calcul out-of-core.

L'accès aux données sur le support de stockage, goulot d'étranglement d'une telle application, a été vu depuis le niveau d'un bloc de données. L'introduction du nouvel agencement de données étendu permet de résoudre les problèmes de performances liés aux différents types d'opérations d'entrées/sorties, comme le montrent les expériences détaillées dans la troisième partie.

Le modèle de synchronisation des accès aux données, qui se place au niveau de l'application, utilise une interface de programmation similaire à celle des outils existants (RWL notamment), tout en garantissant des propriétés qu'il serait autrement difficile à implémenter et *a fortiori* à démontrer.

Troisième partie

Résultats expérimentaux

Table des matières

5 Plate-forme expérimentale   **63**

   5.1 Configuration de la plate-forme 63

      5.1.1 *Grelon* 64

      5.1.2 *Capricorne* 64

      5.1.3 *Chinqchint* 64

   5.2 Implémentation 64

      5.2.1 Accès aux données 65

      5.2.2 Synchronisation 65

6 Validation du stockage étendu   **67**

   6.1 Comparaison des coûts de traitement 67

   6.2 Comparaison des performances 71

7 Validation du modèle des ORWL   **75**

   7.1 Exécution itérative 75

      7.1.1 Prévisions 75

   7.2 Homogénéité 78

8 Vers les applications réelles   **85**

   8.1 Simulation des transferts thermiques 85

   8.2 Portage dans PARXXL 85

Introduction de la troisième partie

Cette partie présente les résultats expérimentaux permettant de valider l'usage de l'agencement étendu et du modèle de synchronisation des ORWL, présentés dans la partie précédente.

Le stockage étendu est testé expérimentalement en le comparant au stockage par blocs. Cette comparaison inclut les opérations de pré-traitement et de post-traitement ainsi que les performances sur différentes tailles de blocs. Les expériences sur le modèle du synchronisation inclues une comparaison des performances d'une exécution out-of-core sur une taille de bloc optimale et une analyse fine des temps de calculs et de synchronisation pour chacune des tâches.

Après une présentation de la plate-forme expérimentale et des détails d'implémentation dans le chapitre 5, les deux séries d'expérimentations sont présentées et leurs résultats analysés et commentés dans les chapitres 6 et 7. Le chapitre 8 conclut cette partie par une présentation d'une coopération entamée avec des chercheurs-utilisateurs non-informaticiens, fournisseurs d'applications d'algorithmes à front d'onde.

Chapitre 5

Plate-forme expérimentale

Ce chapitre détaille la mise en œuvre réelle et les expériences menées sur les formats de stockage et le modèle de synchronisation. Celles-ci ont pour but de valider les deux contributions de cette thèse : l'agencement de données avec le stockage étendu et l'overlay d'ORWL comme outil de synchronisation.

5.1 Configuration de la plate-forme

Les machines sur lesquelles les expériences ont été réalisées, dont les détails techniques sont donnés dans les tableaux 5.1, 5.2 et 5.3, font partie de Grid'5000 :

- *Grelon* est un cluster nancéien de machines bi-processeurs bi-cœurs,

- *Capricorne* est un cluster lyonnais de machines bi-cœurs,

- *Chinqchint* est un cluster lillois de machine bi-processeurs quadri-cœurs.

L'algorithme du *Livermore kernel 23* a été implémenté avec la bibliothèque ParXXL (voir section 5.2), qui nécessite un compilateur C++ récent et supportant une grande partie de la norme ISO dite «C++-98». Lors du choix des machines de Grid'5000 pour les expérimentations, le cluster *Grelon* a été choisi pour son système d'exploitation récent, notamment son compilateur C++. Le cluster *Chinqchint* a été sélectionné pour son plus grand nombre de ressources d'exécution. Son compilateur, plus ancien à l'époque, a demandé quelques efforts d'adaptation dans ParXXL pour permettre de compiler l'application. Enfin l'arrivée d'un nouveau cluster à Nancy, *Griffon*, en remplacement d'un ancien cluster vieillissant, *Grillon*, a engendré des problèmes de climatisation qui a contraint l'équipe de Grid'5000 à couper une partie des machines du cluster *Grelon*. La disponibilité de celui-ci ayant drastiquement chuté, les expériences ont également été menées sur le cluster *Capricorne*, dont la configuration est proche et la disponibilité grande.

5.1.1 *Grelon*

Processeurs	2 Intel Xeon 5110 bi-cœurs à 1.6 Ghz Cache L2 de 4 Mo à 1333 MHz
Mémoire	2 Go DDR2 à 667 MHz
Disque dur	80 Go SATA, Bus 32 bits
Système	GNU/Linux 2.6.26.2
Entrée en service	Février 2007

TABLE 5.1 – Configuration d'une machine du cluster *Grelon*.

5.1.2 *Capricorne*

Processeur	1 AMD Opteron 246 bi-cœurs à 2.0 Ghz Cache L2 de 1 Mo à 400 MHz
Mémoire	2 Go
Disque dur	36 Go SCSI, Bus 64 Bits
Système	GNU/Linux 2.6.18.6
Entrée en service	Décembre 2004

TABLE 5.2 – Configuration d'une machine du cluster *Capricorne*.

5.1.3 *Chinqchint*

Processeurs	2 Intel Xeon E5440 QC quad-cœurs à 2.83 Ghz Cache L2 de 4 Mo à 1333 MHz
Mémoire	8 Go
Disque dur	250 Go SATA-2, Bus 32 Bits
Système	GNU/Linux 2.6.19.1
Entrée en service	Début 2008

TABLE 5.3 – Configuration d'une machine du cluster *Chinqchint*.

5.2 Implémentation

La gestion du stockage étendu et des ORWL a été ajouté à la bibliothèque PARXXL, développée au sein de l'équipe AlGorille, voir [21]. PARXXL est une bibliothèque destinée à simplifier l'implémentation d'applications parallèles de fine granularité sur des architectures à grosse granularité (clusters, grilles, calculateurs). L'organisation et les outils proposés sont tout à fait adaptés à l'implémentation d'un algorithme à front d'onde : processus de calcul abstraits, outils de chronométrage, accès aux données au travers d'une hiérarchie d'objets de haut niveau,...

5.2.1 Accès aux données

L'implémentation de l'algorithme du *Livermore kernel 23* a été réalisée dans PARXXL pour le format de stockage par blocs. Pour maximiser la réutilisation de code lors de l'utilisation du stockage étendu, l'application transforme un bloc du stockage étendu vers le stockage par blocs, puis réutilise le code d'origine pour ce format de stockage, considéré comme la référence. Après le calcul, le bloc est ensuite transformé à nouveau dans le stockage étendu avant écriture sur disque. Ce modèle permet de réutiliser complètement la partie calculatoire de l'application, mais nécessite pour chaque bloc la présence en mémoire d'une copie dans chacun des formats de stockage. Cette limitation ne pose pas de problème sur les machines utilisées pour les expériences suivantes : la quantité de mémoire disponible est suffisante pour autoriser la présence simultanée de ces deux copies. Seul le découpage en un très petit nombre de très gros blocs montre une insuffisance de mémoire. Ce cas étant loin du découpage optimal, il n'est pas critique à la validation expérimentale.

La gestion des données dans PARXXL est construite autour de la notion de *chunks*, qui représentent des morceaux de données. L'implémentation de ces objets pour les fichiers stockés sur disque fait implicitement appel aux techniques de mappage, via les appels systèmes mmap et munmap. Ceci a l'avantage de décharger les opérations de lecture et d'écriture des données sur le système d'exploitation. L'inconvénient principal de cette méthode est également lié à cette délégation : l'application n'a pas de contrôle sur le moment où le chargement est effectivement réalisé, ni sur l'éventuelle réutilisation des données qui peut survenir. Ceci rend les expériences difficiles à reproduire. Il est ainsi arrivé que des expériences identiques réalisées à quelques mois d'intervalle aient donné des résultats contradictoires.

Afin de permettre de mesurer l'usage réel de la ressource de stockage, l'accès aux données dans l'application court-circuite l'usage habituel des *chunks* en utilisant directement les appels systèmes read et write. Le retour à l'utilisation du mappage nécessitera une analyse précise de ses performances pour le calcul parallèle et out-of-core, tant au sein du système d'exploitation que dans PARXXL.

5.2.2 Synchronisation

Une première mise en œuvre des ORWL dans un environnement multithreadé en mémoire partagée a été ajouté à PARXXL. Celle-ci est basée sur des numéros de requêtes, correspondant au niveau de priorité, accordés au LH et sur des conditions pour la régulation de la congestion, l'attente et la signalisation sur les requêtes. En interne, ces objets maintiennent une liste ordonnée de paires de compteurs, chaque paire représentant un niveau de priorité dans l'overlay. Les compteurs servent ensuite à déterminer le type de requête pour le niveau de priorité concerné.

L'implémentation des ORWL dans PARXXL fait fortement appel aux templates du C++. L'utilisateur peut par exemple limiter la consommation mémoire de ces objets en spécifiant la taille de la liste utilisée en interne. Il peut notamment utiliser le fait que les combinaisons de requêtes d'un overlay en forme canonique utilisent au plus trois niveaux de priorité (voir section 3.3.2). De plus, toutes les opérations de mise en attente et de signalisation utilisent un objet *condition*, à l'API définie dans PARXXL, dont le type exact est fourni par l'utilisateur en paramètre *template*. Dans le cas d'une exécution en mémoire partagée, où les entités d'exécution sont des threads, il est possible d'utiliser les objets par::sys::conditions de PARXXL, basés sur les conditions *pthread* pthread_cond_t. Lorsque de tels objets seront implémentés pour un environnement distribué, les ORWL de PARXXL pourront directement être utilisés, en changeant uniquement le type du paramètre *template*.

Chapitre 6

Validation du stockage étendu

Afin de valider l'usage du stockage étendu, les expériences de validation réalisées le compare au stockage par blocs, qui est généralement considéré comme étant la solution mise en œuvre dans les applications soucieuses des performances dans le calcul out-of-core. Deux types d'expériences viennent valider les idées théoriques liées au stockage étendu :

- Comparaison du coût de pré-traitement et de post-traitement,
- Comparaison des temps d'exécution d'une itération de l'algorithme du *Livermore kernel 23*.

Dans la première expérience, les temps nécessaires aux opérations de changement d'agencement pour les deux formats de stockage sont comparés. La deuxième expérience mesure et compare pour les deux formats de stockage le temps de complétion d'une itération de l'algorithme du *Livermore kernel 23*. Cette expérience permet de comparer les comportements des deux agencements de données pour une application calculatoire avec des accès concurrents à la ressource de stockage.

6.1 Comparaison des coûts de traitement

Les figures 6.1, 6.2 et 6.3 montrent les temps de pré-traitement et de post-traitement pour différentes tailles de blocs d'une matrices de 2 Go de 16384×16384 éléments de type `double`, sur les trois types de machines, et pour les deux formats de stockage. Ces expériences utilisent les algorithmes de changement d'agencement décrit dans la section 2.2. Dans chaque cas, la taille totale du problème du *Livermore kernel 23* dépasse la mémoire disponible sur la machine, d'où la nécessité de choisir un format de stockage adapté au calcul out-of-core.

Plusieurs phénomènes se dégagent de ces courbes. Tout d'abord, on peut constater pour les deux formats de stockage que dans le cas d'un découpage en un petit nombre de gros blocs, les performances de traitement se dégradent. Ceci est dû au modèle algorithmique utilisé pour ces opérations. En effet, dans l'algorithme 2.1 de pré-traitement, on charge à la ligne 2 autant de lignes que la hauteur d'un bloc. Dans le cas d'un découpage en quatre de la matrice de départ, l'algorithme chargent donc la moitié des données en mémoire, soit 1 Go dans le cas expérimental. Bien qu'inférieur à la taille de la mémoire disponible, un tel chargement est bien plus lent que dans le cas d'un découpage en blocs plus petits, où l'algorithme manipule des données d'une taille d'un ordre de grandeur inférieur. De même, la boucle interne de l'algorithme 2.2 de post-traitement, lignes 3 à 5, peut défavoriser les petits découpages par un nombre plus élevé de grosses écritures disjointes par blocs, même si le plus petit nombre de gros blocs permet d'atténuer cet effet, si la configuration de la machine favorise une bonne latence.

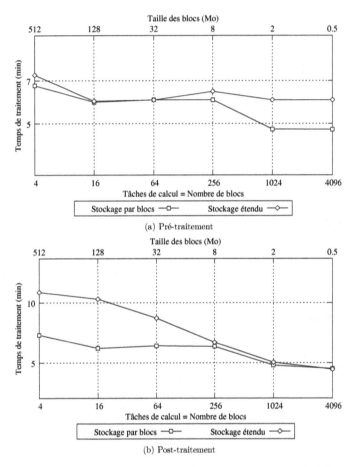

(a) Pré-traitement

(b) Post-traitement

FIGURE 6.1 – Pré-traitement et post-traitement d'une matrice de données de 2 Go en 16384 × 16384 éléments sur *Grelon*.

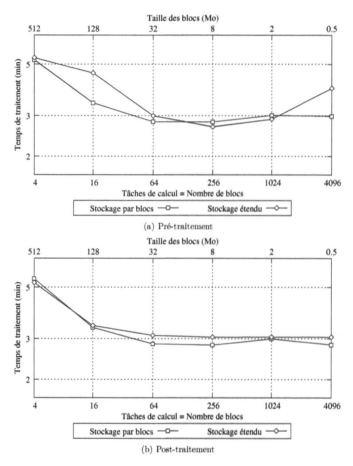

(a) Pré-traitement

(b) Post-traitement

FIGURE 6.2 – Pré-traitement et post-traitement d'une matrice de données de 2 Go en 16384 × 16384 éléments sur *Capricorne*.

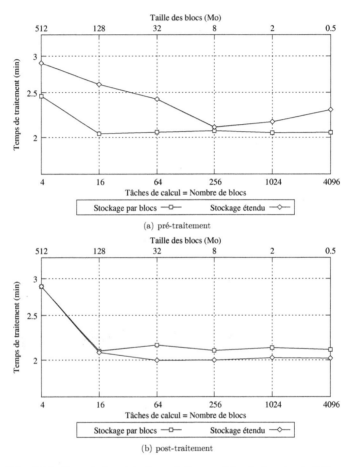

(a) pré-traitement

(b) post-traitement

FIGURE 6.3 – Pré-traitement et post-traitement d'une matrice de données de 2 Go en 16384 × 16384 éléments sur *Chinqchint*.

On constate également que les temps nécessaires aux deux opérations sont très semblables, sur chacune des machines. En effet, la quantité de données lues et écrites est sensiblement la même pour un pré-traitement et le post-traitement associé, et seule la manipulation des données en mémoire est différente.

Entre les machines, *Chinqchint* bénéficie du disque le plus performant, ce que confirment les expériences. L'écart est moins flagrant entre les deux autres machines, même si la plus faible latence sur *Capricorne* semble lui donner un léger avantage.

Dans la comparaison entre les deux formats, seul le pré-traitement vers le stockage étendu montre un véritable écart avec le pré-traitement vers le stockage par blocs. Ceci est dû au fait que dans ce stockage, la quantité de données par blocs varie légèrement à cause de la duplication des éléments communs aux frontières. Il y a donc plus de données à écrire sur disque que dans le cas de référence. Symétriquement, le post-traitement depuis le stockage étendu est légèrement plus long que le post-traitement depuis le stockage par blocs, puisqu'il faut lire un peu plus de données par blocs, même si pour cette opération l'écart est moindre.

Au final, la différence entre les deux formats est très minime lors des opérations de changement de format. De plus, les temps nécessaires à celles-ci sont très inférieurs à une exécution complète de l'algorithme du *Livermore kernel 23* (voir chapitre 7), ce qui minimise l'inconvénient du changement de format, par rapport au gain obtenu, comme le montrent les résultats des expériences suivantes.

6.2 Comparaison des performances

L'expérience suivante consiste à mesurer le temps d'exécution d'une itération de l'algorithme du *Livermore kernel 23* (sans compter les opérations de pré- et post-traitement) pour plusieurs tailles de blocs, afin de déterminer le meilleur choix pour celle-ci. Elle permet également de comparer les performances entres les stockages orientés vers le calcul out-of-core, par blocs et étendu, avec le stockage par lignes, utilisé pour le calcul in-core.

Les figures 6.4, 6.5 et 6.6 montrent les résultats de cette expérience sur chacune des machines. Les mesures d'exécution pour le stockage par lignes sont par définition indépendantes de la taille des blocs, puisque la notion même de bloc est absente de ce format de stockage, tout comme l'exécution parallèle des calculs. En conséquence, les courbes correspondantes constituent les bornes maximales de l'exécution séquentielle.

Pour des raisons d'implémentation, voir section 5.2, la consommation mémoire du stockage étendu est plus importante que celle du stockage par blocs. Pour de très gros blocs, l'empreinte mémoire augmente considérablement, ce qui peut provoquer l'échec de l'application pour cause de défaut de mémoire disponible, comme sur *Grelon* et *Capricorne* pour des blocs de 512 Mo, ces machines ne disposant «que» de 2 Go de mémoire.

Comme le rappellent les gains en temps d'exécution rapportés par le tableau 6.1 pour la taille de bloc optimale, l'usage des formats de stockages adaptés à l'exécution parallèle (Blocs et Étendu) donne d'excellents résultats par rapport au format de stockage de l'exécution séquentielle (Lignes). De plus, le format de stockage étendu donne un gain supplémentaire par rapport au format de stockage par blocs. Bien que pouvant fortement varier entre les configurations, celui-ci reste tout de même important. Cette comparaison entre les deux formats de stockage pour l'exécution parallèle et out-of-core met largement en avant les effets escomptés par l'usage du stockage étendu sur le temps d'exécution. En effet, grâce à un usage optimal de la ressource

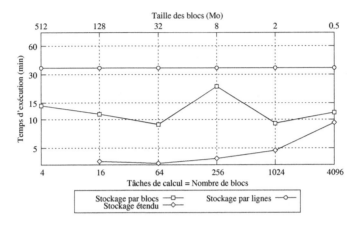

FIGURE 6.4 – Exécution d'une itération du *Livermore kernel 23* sur des matrices de données de 2 Go en 16384 × 16384 éléments sur *Grelon*.

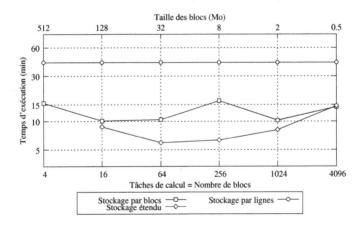

FIGURE 6.5 – Exécution d'une itération du *Livermore kernel 23* sur des matrices de données de 2 Go en 16384 × 16384 éléments sur *Capricorne*.

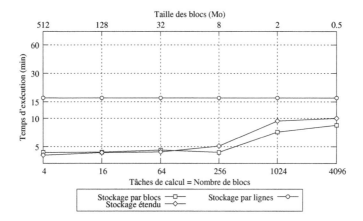

FIGURE 6.6 – Exécution d'une itération du *Livermore kernel 23* sur des matrices de données de 2 Go en 16384 × 16384 éléments sur *Chinqchint*.

	Temps d'exécution (s)			Gain (%)		
Machine ╲ Stockage	Lignes	Blocs	Étendu	$\frac{\text{Blocs}}{\text{Lignes}}$	$\frac{\text{Étendu}}{\text{Lignes}}$	$\frac{\text{Étendu}}{\text{Blocs}}$
Grelon	2108.13	531.63	214.88	74.8	89.8	59.6
Capricorne	2516.33	605.88	365.99	75.9	85.5	39.6
Chinqchint	986.82	261.72	244.10	73.5	75.3	6.7

TABLE 6.1 – Gain de temps dû à l'usage d'un format de stockage conçu pour l'exécution parallèle et out-of-core, pour une itération du *Livermore kernel 23* dans le cas optimal.

de stockage, les performances de l'application sont meilleures pour ce nouvel agencement de données que pour l'agencement de référence.

Enfin, cette expérience montre également l'importance de choisir le découpage optimal afin de trouver le meilleur compromis entre les accès aux ressources de stockage et d'exécution. Ce découpage optimal dépend des nombreux paramètres qui jalonnent les couches situées entre la ressource de stockage et l'application, et qui rendent les approches analytiques extrêmement complexes. Par mesures expérimentales, la taille de blocs optimale est de 32 Mo sur *Grelon* et *Capricorne*, 512 Mo et 8 Mo selon le stockage pour *Chinqchint*.

Chapitre 7

Validation du modèle des ORWL

Ce chapitre présente les expériences réalisées afin de mesurer l'impact de l'usage des ORWL comme outil de synchronisation sur l'exécution de l'application dans un contexte out-of-core. Les expériences présentées permettent également de mesurer l'influence des ORWL sur les accès aux données dans les deux formats de stockage adaptés au calcul out-of-core.

7.1 Exécution itérative

Dans cette expérience, le temps d'exécution de vingt itérations de l'algorithme du *Livermore kernel 23* a été mesuré, pour les deux formats de stockage. Le contexte out-of-core est ici total dans le sens où le nombre plus important d'itérations par rapport à l'expérience précédente permet de surcharger les différents niveaux de caches et de tampons entre le support de stockage et l'application. On peut identifier trois phases au cours de l'exécution :

1. La phase de chargement, où les caches et tampons se remplissent au fur et à mesure,

2. Le régime permanent, où les caches et tampons sont toujours pleins, grâce à un usage maximal de la bande passante du support de stockage,

3. La phase de déchargement, à la fin de l'exécution, où les caches et tampons se vident progressivement.

Les figures 7.1, 7.2 et 7.3 montrent les résultats de ces expériences. Dans chaque cas, la meilleure taille de bloc, telle que calculée par l'expérience précédente, a été utilisée : 64 blocs de 32 Mo sur *Grelon* et *Capricorne*, pour les deux formats de stockage ; 256 blocs de 8 Mo pour le stockage par blocs et 4 blocs de 512 Mo pour le stockage étendu sur *Chinqchint*.

La phase de chargement s'observe principalement sur l'exécution avec le stockage par blocs sur *Capricorne*, tandis que la phase de déchargement s'observe bien sur *Capricorne* et *Chinqchint*, pour le stockage par blocs. Dans tous les cas, ces deux phases se caractérisent par une courbure dans le temps d'exécution, tandis que le régime permanent correspond à une quasi-droite entre les deux.

7.1.1 Prévisions

Algorithmiquement, dans le pire des cas le calcul d'un bloc de données nécessite la lecture de dix blocs (le bloc à mettre à jour, les cinq blocs de coefficients correspondants et les quatre blocs voisins pour en extraire les frontières). Après un calcul, une tâche écrit un bloc sur le disque. Il est cependant possible qu'une optimisation du système d'exploitation permette, lorsque le calcul

75

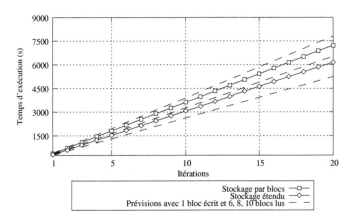

FIGURE 7.1 – Exécution de vingt itérations du *Livermore kernel 23* sur des matrices de données de 2 Go en 16384 × 16384 éléments sur *Grelon*.

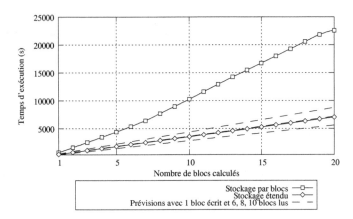

FIGURE 7.2 – Exécution de vingt itérations du *Livermore kernel 23* sur des matrices de données de 2 Go en 16384 × 16384 éléments sur *Capricorne*.

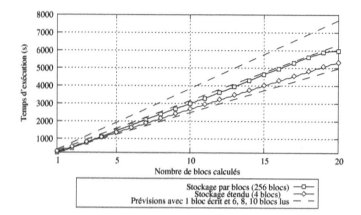

FIGURE 7.3 – Exécution de vingt itérations du *Livermore kernel 23* sur des matrices de données de 2 Go en 16384 × 16384 éléments sur *Chinqchint*.

d'un bloc commence, que les blocs voisins soient toujours en mémoire et n'aient pas besoin d'être relus depuis le disque. Dans le cas où le système d'exploitation est capable d'obtenir une telle réutilisation des données depuis un cache, le calcul ne nécessite plus que la lecture de six blocs. L'usage du format de stockage étendu s'apparente au cas optimisé par le système d'exploitation, puisqu'il n'est de toute façon pas nécessaire de charger la totalité des blocs voisins pour en extraire les frontières.

Les figures 7.1, 7.2 et 7.3 montrent les prévisions pour ces deux cas limites et pour le cas médian, à partir des valeurs de bande passante mesurées sur les machines et qui sont données par le tableau 7.1.

	Bande passante (Mo/s)	
	En lecture	En écriture
Grelon	64	29
Capricorne	52	47
Chinqchint	45	61

TABLE 7.1 – Mesures de bande passante avec l'outil `iozone`.

Pour ces trois cas, il est nécessaire de lire six, huit ou dix blocs par tâche et par itération. On peut voir que le format de stockage étendu se situe plutôt dans la moitié optimale de la prévision, tandis que le format de stockage par blocs se situe plutôt dans l'autre moitié. Le cas du format de stockage par blocs sur *Capricorne* donne une singulière diminution des performances. Bien que restant conforme aux trois phases d'exécution, le débit mesuré est bien pire que les mesures de bande passante ne le laissait prévoir. Le matériel ainsi que le système d'exploitation, relativement anciens, présents sur cette machine peuvent être la cause de cette dégradation.

Sur *Grelon* et *Capricorne*, le comportement général du calcul est très stable au cours du temps, tandis que sur *Chinqchint*, le bruit introduit par l'accès concurrent à la ressource de stockage est clairement visible, notamment pour le stockage étendu. C'est également le cas le plus proche de la prévision optimiste, car faisant le meilleur usage du support de stockage le plus performant.

Dans le cas général, cette expérience montre que le choix des ORWL comme outil de synchronisation est tout à fait valide pour un calcul out-of-core et permet d'obtenir un débit d'accès au disque raisonnablement bon comparé aux pics de performance mesurés sur les machines.

7.2 Homogénéité

L'une des caractéristiques avantageuse des ORWL sur l'exécution est la capacité du modèle à générer une progression homogène des tâches de calcul. Celle-ci se traduit par un écart entre deux tâches ayant une dépendance de données d'au plus une itération, dans leurs calculs respectifs.

Afin de mesurer l'impact réel de l'usage des ORWL au cours du calcul, deux mesures ont été prises pour chaque thread, au cours de l'exécution de vingt itérations de l'algorithme du *Livermore kernel 23*, dans le cas optimal :

1. *Le calcul*, qui comprend le temps de calcul lui-même ainsi que le temps nécessaire aux opérations d'entrées/sorties,

2. *La synchronisation*, qui mesure le temps passé à attendre l'obtention des requêtes sur les ORWL.

Les figures 7.4, 7.5, 7.6, 7.7, 7.8 et 7.9 montrent ces résultats pour les deux formats de stockage et sur les trois machines. Chaque figure présente trois grilles, avec les itérations en abscisse et les threads en ordonnée. La première grille montre le temps de calcul cumulé, la deuxième le temps de synchronisation cumulé et la troisième la somme des deux.

On peut d'abord remarquer que la distribution du temps de calcul est assez irrégulière entre les threads et dans le temps, ce qui n'est pas surprenant pour une application où les accès concurrents aux ressources communes de calcul et de stockage sont nombreux. Bien que d'intensité moindre, des irrégularités apparaissent également sur la distribution du temps de synchronisation. On voit sur la troisième grille que les irrégularités introduites pendant la phase de calcul sont presque totalement absentes, car absorbées dans la phase de synchronisation, lors de l'attente d'obtention d'un verrou dans un ORWL.

On peut également noter que le schéma général de ces grilles, notamment celles montrant le temps total par tâche (et donc le moins d'irrégularités), est plus ou moins penché sur la diagonale. Ce phénomène est l'illustration du pipeline utilisé pour la parallélisation et montre l'orientation de la vague de calcul qui parcourt la matrice de données, du coin supérieur gauche (premier thread) au coin inférieur droit (dernier thread). On y voit également la répétition, décalée horizontalement, d'un même schéma pour un groupe de threads. Cet effet est dû à la distribution des numéros de threads. En effet, les numéros sont distribués par rangées de blocs, les derniers threads de chaque rangée commençant le calcul d'une itération après les premiers threads de la rangée suivante.

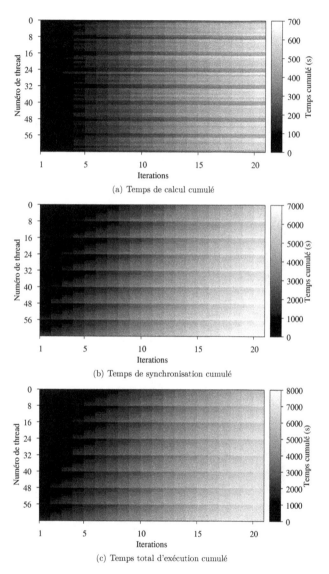

(a) Temps de calcul cumulé

(b) Temps de synchronisation cumulé

(c) Temps total d'exécution cumulé

FIGURE 7.4 – Exécution de vingt itérations du *Livermore kernel 23* sur des matrices de données de 2 Go en 16384 × 16384 éléments avec stockage par blocs sur *Grelon*.

79

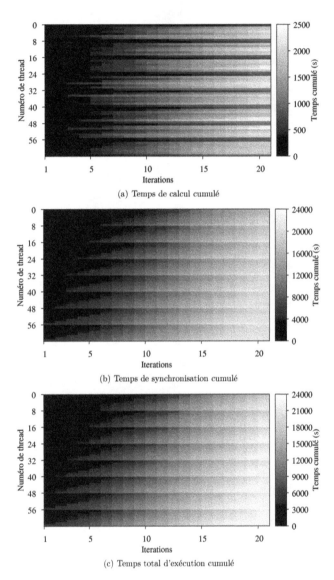

(a) Temps de calcul cumulé

(b) Temps de synchronisation cumulé

(c) Temps total d'exécution cumulé

FIGURE 7.5 – Exécution de vingt itérations du *Livermore kernel 23* sur des matrices de données de 2 Go en 16384 × 16384 éléments avec stockage par blocs sur *Capricorne*.

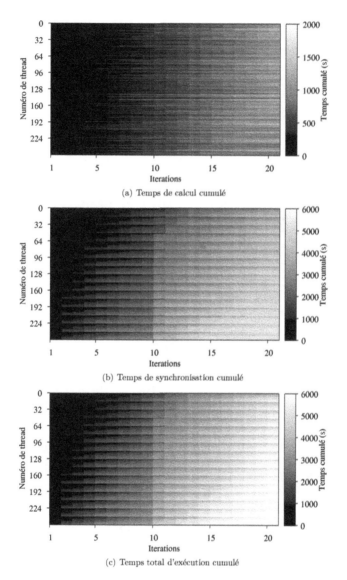

(a) Temps de calcul cumulé

(b) Temps de synchronisation cumulé

(c) Temps total d'exécution cumulé

FIGURE 7.6 – Exécution de vingt itérations du *Livermore kernel 23* sur des matrices de données de 2 Go en 16384 × 16384 éléments avec stockage par blocs sur *Chinqchint*.

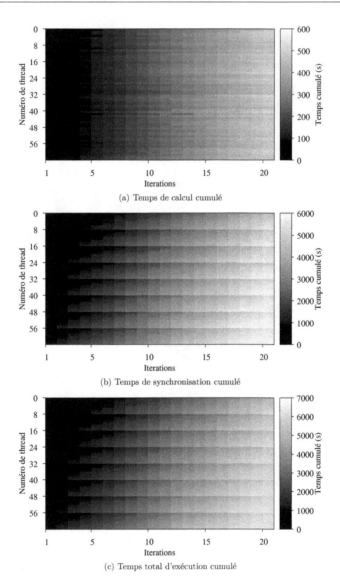

(a) Temps de calcul cumulé

(b) Temps de synchronisation cumulé

(c) Temps total d'exécution cumulé

FIGURE 7.7 – Exécution de vingt itérations du *Livermore kernel 23* sur des matrices de données de 2 Go en 16384 × 16384 éléments avec stockage étendu sur *Grelon*.

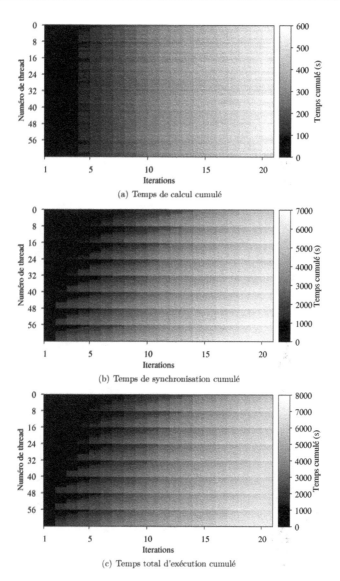

(a) Temps de calcul cumulé

(b) Temps de synchronisation cumulé

(c) Temps total d'exécution cumulé

FIGURE 7.8 – Exécution de vingt itérations du *Livermore kernel 23* sur des matrices de données de 2 Go en 16384 × 16384 éléments avec stockage étendu sur *Capricorne*.

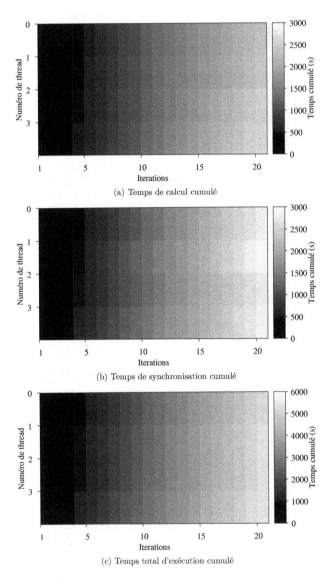

(a) Temps de calcul cumulé

(b) Temps de synchronisation cumulé

(c) Temps total d'exécution cumulé

FIGURE 7.9 – Exécution de vingt itérations du *Livermore kernel 23* sur des matrices de données de 2 Go en 16384 × 16384 éléments avec stockage étendu sur *Chinqchint*.

Chapitre 8

Vers les applications réelles

Les résultats expérimentaux obtenus sur l'usage du stockage étendu et du modèle des ORWL sur l'algorithme du *Livermore kernel 23* ont montré des gains substantiels. En collaboration avec une équipe de chercheurs de l'université de Pau et de l'INRIA Bordeaux - Sud-Ouest, certaines de leurs applications réelles basées sur des algorithmes à front d'onde ont été sélectionnées pour inclure les possibilités proposées par la bibliothèque PARXXL, dont le stockage étendu et le modèle des ORWL. La première d'entre elles à faire l'objet d'un portage, décrite ici et dans [32], est une simulation des transferts thermiques dans un fluide mis en mouvement par une paire de vortex.

8.1 Simulation des transferts thermiques

Cette application est conçue pour simuler, dans un espace bi-dimensionnel, les transferts thermiques dans un fluide au centre duquel une paire de vortex tournant en sens contraires est générée. Les deux vortex se déplacent ensuite vers la bordure qui génère le flux thermique. Lorsque les vortex se rapprochent de la paroi, la fonction de transfert thermique change de manière non-monotone en fonction du temps : le fluide qui se déplace depuis la paroi chauffante le long du vortex fait décroître la fonction de transfert thermique, et laisse la place à une partie plus froide du fluide qui fait croître à son tour la fonction de transfert thermique.

Le but de cette application de simulation est de calculer en fonction du temps la distribution de chaleur et de pression dans le fluide, ainsi que la vitesse de déplacement de celui-ci. La figure 8.1 montre un exemple de transferts thermiques obtenus avec l'application originale.

8.2 Portage dans parXXL

L'application originale est écrite en Fortran, tandis que la bibliothèque PARXXL, au sein de laquelle les outils décrits dans cette thèse sont implémentés, est écrite en C++. Le portage du code d'origine vers une première version en C++ a été réalisé en collaboration avec une étudiante Indienne, Peehoo Dewan, sous ma supervision et celle de mon directeur de thèse. Nous avons réécrit l'application d'origine en C++ afin de l'intégrer au schéma d'exécution parallèle des algorithmes à front d'onde et à la bibliothèque PARXXL. L'analyse du code d'origine nous a permis de découper la partie purement calculatoire en trois phases :

1. une phase de mise à jour de la vitesse, à partir de la vitesse à l'itération précédente

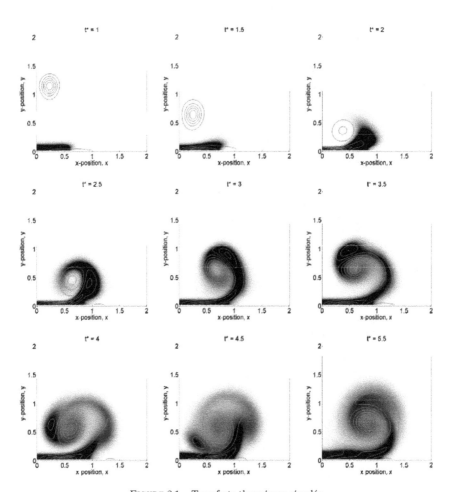

FIGURE 8.1 – Transferts thermiques simulés.

2. une phase de mise à jour de la pression et de la vitesse à partir de la vitesse calculée à la phase 1,

3. une phase de mise à jour de la température, à partir de la vitesse et de la température à l'itération précédente.

Chacune de ces phases s'apparente à un algorithme à front d'onde avec une dépendance de données spécifique, comme l'illustre la figure 8.2.

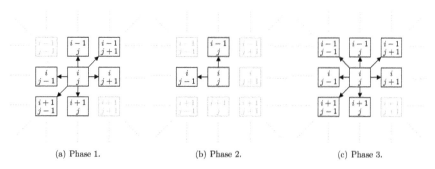

(a) Phase 1.   (b) Phase 2.   (c) Phase 3.

FIGURE 8.2 – Dépendances de données pour la simulation de transferts thermiques.

Contrairement à l'application d'origine, construite monolithiquement, la nouvelle version est conçue autour d'une forte modularité du code. La partie calculatoire a été isolée et centrée sur le voisinage d'un élément de l'espace de données. Nous avons ensuite construit une couche orientée «blocs» au-dessus afin de faciliter le découpage des données et la communication des frontières.

Finalisation La mise en place du pipeline de parallélisation par blocs dans cette nouvelle version (création d'un thread par bloc de données, extraction des frontières, synchronisation avec des ORWL) est actuellement en cours de validation.

Conclusion de la troisième partie

Les résultats présentés dans cette partie permettent de valider les apports théoriques du stockage étendu et des ORWL comme outils de synchronisation.

Les mesures de bande passante effective pour l'usage du stockage étendu montre un gain substantiel par rapport au stockage par blocs. Bien que moins importants que les prévisions théoriques, issues d'une mesure de pic de bande passante, les résultats obtenus justifient l'utilisation de ce nouvel agencement de données dans le cadre de l'exécution d'une application de calcul out-of-core.

Les mesures effectuées pour chaque thread lors d'une exécution de l'algorithme du *Livermore kernel 23* ont montré que les irrégularités qui sont immanquablement introduites par les accès concurrents aux ressources de calcul et de stockage sont gommées par la couche de synchronisation des ORWL. De plus, ces expériences ont montré la progression homogène des différentes tâches de calcul, ce qui était un des objectifs initiaux du modèle.

Enfin, ces deux apports au modèle d'exécution parallèle des algorithmes à front d'onde permettent une réutilisation quasi-complète de la partie calculatoire d'une application. Leur intégration dans des applications existantes demande donc un effort de mise en œuvre tout à fait acceptable.

Conclusion générale

Cette thèse est centrée sur l'étude des algorithmes à front d'onde, et plus particulièrement sur l'accès efficace et transparent aux données de ces algorithmes. En effet, les algorithmes à front d'onde sont caractérisés par des calculs et des dépendances de données locaux qui les rendent facile à paralléliser, et permettent de répartir l'effort de calcul lorsque les jeux de données grossissent. Dans un environnement à mémoire partagée, lorsque la quantité de données dépasse la quantité de mémoire disponible, le calcul est out-of-core et la stratégie d'accès aux données doit être adaptée aux nouvelles problématiques associées.

Agencement des données

L'accès efficace aux données stockées sur disque est le point clé des performances pour le calcul out-of-core. Le nouvel agencement de données proposé dans cette thèse répond à ce problème en permettant des accès rapides pour tous les types de données nécessaires à l'algorithme à front d'onde considéré.

Les résultats des expériences menées sur cet agencement de données montrent que ses inconvénients par rapport aux agencements habituels, liés à la duplication d'éléments et à la gestion de leur cohérence, sont minimes par rapport aux gains de performance apportés. Notamment, l'usage de la bande passante du disque, qui constitue clairement le goulot d'étranglement du calcul out-of-core, est maximal.

Synchronisation

Le nouveau modèle de synchronisation décrit dans cette thèse est basé sur les ORWL, une variante de verrous de lecture/écriture avec une file d'attente servie par une politique FIFO. Avec ce modèle, il est particulièrement remarquable que l'utilisateur n'a besoin de spécifier que la dépendance de données entre les tâches de son application. L'algorithme d'initialisation proposé permet une mise en place automatique de l'overlay à partir d'une représentation abstraite des tâches, puis la structure de treillis de l'espace de configurations permet de garantir une évolution sans interblocages. Les expériences réalisées confirment également la distribution équitable des calculs entre les tâches associées aux blocs de données.

Perspectives

Après l'application de transferts thermiques, c'est une seconde application des chercheurs de l'université de Pau qui sera étudiée pour l'intégration des outils développés dans PARXXL, et notamment ceux présentés dans cette thèse. Décrite dans [27], cette application simule la propagation d'une onde sismique dans un milieu isotropique et permettra principalement de tester le nouvel agencement de données dans un espace tri-dimensionnel.

Le modèle de synchronisation présenté n'est pas spécifiquement lié à une classe d'algorithme particulière, ce qui permet d'envisager certaines extensions de son usage. Par exemple, il pourrait être utilisé pour modéliser le verrouillage sur une plage d'octets d'un ensemble de données (un fichier par exemple), en s'attaquant au problème des intersections d'intervalles. Ceci permettrait des accès prévisibles à des objets partagés sans demander plus d'efforts à l'utilisateur que les RWL.

Comme nous l'avons montré, la méthode de coloriage impacte directement l'initialisation d'un overlay. Pour certaines applications, des initialisations différentes peuvent conduire à des espaces de configurations disjoints. Par exemple, il est possible d'initialiser un cycle linéaire de tâches pour obtenir soit une exécution avec un niveau de parallélisme de $\frac{1}{2}$, soit un *token ring*. Ceci permet donc d'utiliser les ORWL comme outil de synchronisation temporelle.

De plus, comme les ORWL sont des objets orientés «ressource», ils sont plus faciles à étendre dans les environnements distribués et permettent donc d'implémenter le principe de DHO (*Data HandOver*, présenté dans [23].

Bibliographie

[1] Yehuda Afek, Hagit Attiya, Danny Dolev, Eli Gafni, Michael Merritt, and Nir Shavit. Atomic Snapshots of Shared Memory. *J. ACM*, 40(4):873–890, 1993.

[2] Scott B. Baden and Stephen J. Fink. Communication Overlap in Multi-tier Parallel Algorithms. In *Supercomputing'98: Proceedings of the 1998 ACM/IEEE conference on Supercomputing*, pages 1–20. IEEE Computer Society, Nov 1998.

[3] Jacques M. Bahi, Sylvain Contassot-Vivier, and Raphaël Couturier. Evaluation of the asynchronous iterative algorithms in the context of distant heterogeneous clusters. *Parallel Computing*, 31(5):439–461, May 2005.

[4] Karthik Balasubramian and David K. Lowenthal. Efficient Support for Pipelining in Distributed Shared Memory Systems. *Parallel and Distributed Computing Practices*, 4:95–121, Jul 2002.

[5] Richard Barrett, Michael Berry, Tony F. Chan, James Demmel, June Donato, Jack Dongarra, Victor Eijkhout, Roldan Pozo, Charles Romine, and Henk Van der Vorst. *Templates for the Solution of Linear Systems: Building Blocks for Iterative Methods*. SIAM, 1994.

[6] Reginald V. Blue. Architecture for a read/write thread lock. US Patent 7188344, March 6 2007.

[7] Rajesh Bordawekar, Alok N. Choudhary, Ken Kennedy, Charles Koelbel, and Michael H. Paleczny. A Model and Compilation Strategy for Out-of-Core Data Parallel Programs. In *Fifth ACM SIGPLAN Symposium on Principles and Practice of Parallel Programming*, pages 1–10. ACM Press, Jul 1995.

[8] Doruk Bozdag, Assefaw Hadish Gebremedhin, Frederik Manne, Erik G. Boman, and Ümit V. Çatalyürek. A framework for Scalable Greedy Coloring on Distributed Memory Parallel Computers. *Journal of Parallel and Distributed Computing*, 68(4):515–535, 2008.

[9] Eddy Caron, Olivier Cozette, Dominique Lazure, and Gil Utard. Virtual Memory Management in Data Parallel Applications. In *High-Performance Computing and Networking, 7th International Conference*, volume 1593, pages 1107–1116. Springer, Apr 1999.

[10] Eddy Caron, Frederic Desprez, and Frederic Suter. Out-of-Core and Pipeline Techniques for Wavefront Algorithms. In *19th International Parallel and Distributed Processing Symposium*, volume 1, page 9b. IEEE Computer Society, Apr 2005.

[11] Pierre-Nicolas Clauss and Jens Gustedt. Iterative Computations with Ordered Read-Write Locks. *Journal of Parallel and Distributed Computing*, 2009.

[12] Pierre-Nicolas Clauss and Jens Gustedt. Experimenting Iterative Computations with Ordered Read-Write Locks. In *18th Euromicro International Conference on Parallel, Distributed and network-based Processing*. IEEE, 2010.

[13] Pierre-Nicolas Clauss, Jens Gustedt, and Frédéric Suter. Out-of-Core Wavefront Computations with Reduced Synchronization. In *16th Euromicro International Conference on Parallel, Distributed and network-based Processing*, pages 293–300. IEEE, 2008.

[14] Guojing Cong and David A. Bader. Lock-Free Parallel Algorithms: An Experimental Study. In *High Performance Computing - 11th International Conference*, volume 3296, pages 516–528. Springer, 2004.

[15] Robert Danek and Wojciech M. Golab. Closing the Complexity Gap between FCFS Mutual Exclusion and Mutual Exclusion. In *Distributed Computing, 22nd International Symposium*, volume 5218, pages 93–108. Springer, Sep 2008.

[16] Mohamed Essaïdi and Jens Gustedt. An experimental validation of the PRO model for parallel and distributed computation. In *14th Euromicro Conference on Parallel, Distributed and Network based Processing*, volume 0, pages 449–456. IEEE Computer Societyu, Feb 2006.

[17] Panagiota Fatourou and Nikolaos D. Kallimanis. Time-optimal, space-efficient single-scanner snapshots & multi-scanner snapshots using CAS. In *Proceedings of the Twenty-Sixth Annual ACM Symposium on Principles of Distributed Computing*, pages 33–42. ACM, 2007.

[18] Assefaw Hadish Gebremedhin, Isabelle Guérin Lassous, Jens Gustedt, and Jan Arne Telle. Graph Coloring on a Coarse Grained Multicomputers. *Discrete Applied Mathematics*, 131(1):179–198, Sep 2003.

[19] Assefaw Hadish Gebremedhin and Fredrik Manne. Scalable parallel graph coloring algorithms. *Concurrency - Practice and Experience*, 12(12):1131–1146, 2000.

[20] Alexandros V. Gerbessiotis and Leslie G. Valiant. Direct Bulk-Synchronous Parallel Algorithms. *Journal of Parallel and Distributed Computing*, 22(2):251–267, 1994.

[21] J. Gustedt, S. Vialle, and A. De Vivo. The parXXL Environment: A Fine Grained Development Environment on Coarse Grained Architectures. In *8th International Workshop on state-of-the-art in scientific and parallel computing, Applied Parallel Computing*, volume 4699, pages 1094–1104. Springer, 2006.

[22] Jens Gustedt. Towards Realistic Implementations of External Memory Algorithms using a Coarse Grained Paradigm. In *International Conference on Computer Science and its Applications*, volume 2668, pages 269–278. Springer, Feb 2003.

[23] Jens Gustedt. Data Handover: Reconciling Message Passing and Shared Memory. Rapport de recherche, INRIA, Nov 2004.

[24] Adolfy Hoisie, Olaf M. Lubeck, Harvey J. Wasserman, Fabrizio Petrini, and Hank Alme. A General Predictive Performance Model for Wavefront Algorithms on Clusters of SMPs. In *International Conference on Parallel Processing*, pages 219–232. IEEE Computer Society, Aug 2000.

[25] Kazuaki Ishizaki, Hideaki Komatsu, and Toshio Nakatani. A Loop Transformation Algorithm for Communication Overlapping. *International Journal of Parallel Programming*, 28(2):135–154, 2000.

[26] Andrew Josey et al., editors. *The Open Group Base Specifications Issue 6 – IEEE Std 1003.1*. The IEEE and The Open Group, 2004.

[27] Dimitri Komatitsch and Roland Martin. An Unsplit Convolutional Perfectly Matched Layer Improved at Grazing Incidence for the Seismic Wave Equation. *Geophysical Journal International*, 72(5):SM155–SM167, 2009.

[28] Orran Krieger, Michael Stumm, Ron Unrau, and Jonathan Hanna. A Fair Fast Scalable Reader-Writer Lock. In *International Conference on Parallel Processing*, volume 2, pages 201–204. CRC Press, 1993.

[29] Mathieu Latapy and Ha Duong Phan. The lattice structure of Chip Firing Games and related models. *Physica D*, 155(1-2):69–82, 2001.

[30] David K. Lowenthal. Accurately Selecting Block Size at Runtime in Pipelined Parallel Programs. *International Journal of Parallel Programming*, 28(3):245–274, 2000.

[31] Clémence Magnien. *Étude du modèle du tas de sable abélien : points de vue algorithmique et algébrique*. PhD thesis, École Polytechnique, France, 2003.

[32] Roland Martin and Roberto Zenit. Heat Transfer Resulting from the Interaction of a Vortex Pair with a Heated Wall. *Journal of Heat Transfer*, 130(5), 2008.

[33] Franck H. McMahon. The Livermore Fortran Kernels: A Computer Test of the Numerical Performance Range. Technical Report UCRL-53745, Lawrence Livermore National Laboratory, 1986.

[34] John M. Mellor-Crummey and Michael L. Scott. Algorithms for Scalable Synchronization on Shared-Memory Multiprocessors. *ACM Transactions on Computer Systems*, 9(1):21–65, 1991.

[35] Tung Nguyen, Michelle Mills Strout, Larry Carter, and Jeanne Ferrante. Asynchronous Dynamic Load Balancing of Tiles. In *9th SIAM Conference on Parallel Processing for Scientific Computing*, Mar 1999.

[36] Daniel J. Palermo. *Compiler Techniques for Optimizing Communications and Data-distribution for Distributed Memory Multicomputers*. PhD thesis, University of Illinois at Urbana-Champaign, 1996.

[37] Philip J. Rhodes, Xuan Tang, Daniel Bergeron, and Ted M. Sparr. Iteration Aware Prefetching for Large Multidimensional Scientific Datasets. In *17th International Conference on Scientific and Statistical Database Management*, pages 45–54, Jun 2005.

[38] Philip J. Rhodes, Xuan Tang, R. Daniel Bergeron, and Ted M. Sparr. Out-of-core Visualization Using Iterator-Aware Multidimensional Prefetching. In *Visualization and Data Analysis 2005*, volume 5669, pages 295–306. SPIE, Mar 2005.

[39] Elena Riccio Davidson and Thomas H. Cormen. Building on a Framework: Using FG for More Flexibility and Improved Performance in Parallel Programs. In *19th International Parallel and Distributed Processing Symposium*, volume 1, page 54. IEEE Computer Society, Apr 2005.

[40] David Sundaram-Stukel and Mary K. Vernon. Predictive Analysis of a Wavefront Application Using LogGP. In *7th ACM SIGPLAN Symposium on Principles and Practice of Parallel Programming*, pages 141–150. ACM Press, 1999.

[41] Paul M. B. Vitányi and Baruch Awerbuch. Atomic Shared Register Access by Asynchronous Hardware (Detailed Abstract). In *27th Annual Symposium on Foundations of Computer Science*, pages 233–243. IEEE, Oct 1986.

[42] Claus Wagner and Frank Mueller. Token-Based Read/Write-Locks for Distributed Mutual Exclusion. In *6th International Euro-Par Conference on Parallel Processing*, volume 1900, pages 1185–1195. Springer-Verlag, 2000.

[43] Wenduo Zhou and David K. Lowenthal. A Parallel, Out-of-Core Algorithm for RNA Secondary Structure Prediction. In *35th International Conference on Parallel Processing*, pages 74–81. IEEE Computer Society, Aug 2006.

Bibliographie

Une maison d'édition scientifique

vous propose

la publication gratuite

de vos articles, de vos travaux de fin d'études, de vos mémoires de master, de vos thèses ainsi que de vos monographies scientifiques.

Vous êtes l'auteur d'une thèse exigeante sur le plan du contenu comme de la forme et vous êtes intéressé par l'édition rémunérée de vos travaux? Alors envoyez-nous un email avec quelques informations sur vous et vos recherches à: info@editions-ue.com.

Notre service d'édition vous contactera dans les plus brefs délais.

Éditions universitaires européennes
est une marque déposée de
Südwestdeutscher Verlag für
Hochschulschriften GmbH & Co. KG
Dudweiler Landstraße 99
66123 Sarrebruck
Allemagne

Téléphone : +49 (0) 681 37 20 271-1
Fax : +49 (0) 681 37 20 271-0
Email : info[at]editions-ue.com
www.editions-ue.com